KB260163

언제 어디서나 통하는

상황
일본어 회화
124

編輯部 編

正進出版社

언제 어디서나 통하는
상황일본어회화 124

2000년 9월 7일 중판인쇄
2000년 9월 10일 중판발행
편자 編輯部
발행인 朴海成
발행처 正進出版社
등록일자 1989. 12. 20

등록번호 6-95
주소 서울시 성북구 장위2동 66-6호 ㉾ 136-142
전화 영업부 02)918-2789, 2790
편집부 02)918-2730
팩스 02)912-1461
인터넷 www.jeongjinpub.co.kr

E-mail JJ1461@chollian.net

정가 8,000원
(카세트 테이프 2개 포함)

• 잘못 만들어진 책은 바꾸어 드립니다.

일러두기

외국어를 배운다는 것은 회화, 즉 말을 하기 위함이고 말을 한다는 것은 상황에 따른 언어를 적절히 구사한다는 것을 의미합니다. 그러나 회화의 기초지식이 제아무리 튼튼하다 할지라도 임의의 상황에 처했을 때 부드럽게 회화를 이끌어 가는 것이 그리 쉽지만은 않다는 것을 외국어 학습자라면 누구나 경험하셨으리라 봅니다. 그래서 본 교재에서는 이런 특정한 상황들을 설정하여 총 124장면으로 엮어보았습니다.

이 책은 인사, 소개, 감사·사과·축하, 날짜·시간·나이, 가족, 일상생활, 여가·취미, 초대·방문, 회사생활, 전화, 교통·길묻기, 부탁·요청, 여러가지 표현, 쇼핑, 식사·음주, 여러가지 상황의 총 16파트로 구성되어 있으며 부수적으로 각 파트에 따른 장면장면들이 다양하게 실려 있습니다.

본 교재의 특징은

- 「기본문형」과 그에 따르는 여러가지 「관련표현」을 통하여 가능한한 다양한 표현을 접할 수 있도록 하였고
- 「연습」에서는 이미 배운 기본문형을 응용하여 더 깊이있는 회화표현을 배울 수 있도록 유도하였으며
- 「알아두기」에서는 문법설명이나 어구설명들을 실어 회화책에서 자칫 소홀하게 다루기 쉬운 부분들을 보충하였습니다.
- 그리고 각 장마다 「휴게실」 코너를 마련하여 공부하는 틈틈이 일본문화를 조금이라도 알고 이해할 수 있도록 배려하였습니다.

본 교재를 통하여 일본어를 접하게 된 학습자 여러분의 실력향상에 많은 도움이 되기를 바랍니다.

차 례

1. 인사

2. 소개

3. 감사 · 사과 · 축하

4. 날짜 · 시간 · 나이

12. 부탁 · 요청

13. 여러가지 표현

14. 쇼핑

인 사

Basic Pattern

1

안녕하세요?

오 하 요- 고 자 이 마 스
A : おはようございます。

오 하 요- 고 자 이 마 스
B : おはようございます。

A : 안녕하십니까?(아침인사)

B : 안녕하십니까?(아침인사)

➜ 원래는 아침에 하는 인사말이지만 저녁에 출근하는 사람들이 처음 만났을 때에 쓰기도 합니다. 동료간이나 손아랫사람에게는 간단하게 「おはよう(안녕)」라고만도 합니다. 일본의 인사말은 우리나라와는 달리 아침·점심·저녁이 다릅니다.

관련표현

곤 니 찌 와
❶ こんにちは。

안녕하십니까?(낮인사)

곰 방 와
❷ こんばんは。

안녕하십니까?(저녁인사)

유- 베 와 굿 스 리 네 무 레 마 시 타 카
❸ ゆうべは ぐっすり ねむれましたか。

어젯밤 푹 주무셨어요?

오 야 스 미 나 사 이
❹ おやすみなさい。

안녕히 주무세요.

연습

A : おはようございます。

B : ＿＿＿＿＿＿＿＿＿＿。

A : いい 天気（てんき）ですね。

B : そうですね。

해석

A : 안녕하세요.

B : <u>안녕하세요.</u>

A : 날씨가 좋군요.

B : 그렇네요.

✎ 알아두기

▶ は는 우리말의 「~은/는」에 해당하는 조사이지만 조사로 쓰인 경우에 한하여 「は」의 발음이 원래의 [ha]가 아닌 [wa]로 발음되는 것에 주의하세요. 또 우리말과 다르게 일본어에서는 묻는 말에 있어서도 물음표「?」를 사용하지 않고 「。」를 사용합니다.

한자읽기 天気(てんき)

Basic Pattern

2
처음 뵙겠습니다.

하 지 메 마 시 떼　김 데 스
A : はじめまして。金です。

하 지 메 마 시 떼　고 바야시 데 스
B : はじめまして。小林です。

A : 처음 뵙겠습니다. 김입니다.

B : 처음 뵙겠습니다. 고바야시입니다.

→ 상대방으로부터 누군가를 소개받았을 때에 쓰는 말입니다. 일반적으로 업무나 교제관계로 처음 소개받은 사람들간에도 자신의 신분을 밝히고 명함을 주고받는 것이 예의입니다.

오 아 이 데 키 테　우 레 시ー 데 스
❶ お会いできて うれしいです。

만나뵙게 되어 기쁩니다.

오 메 니　카 카 레 테　우 레 시ー 데 스
❷ お目に かかれて うれしいです。

만나서 반갑습니다.

와 따 시 와　김 토　모ー 시 마 스
❸ わたしは 金と 申します。

저는 김이라고 합니다.

오 나 마에 와　난 토　옷　샤 이 마 스 까
❹ お名前は なんと おっしゃいますか。

성함이 어떻게 되세요?

스 미 마 셍　지 코 쇼ー카 이 가　오소쿠　나 리 마 시 타
❺ すみません。自己紹介が 遅く なりました。

죄송합니다. 자기소개가 늦어졌습니다.

연습

A : はじめまして。わたしは 金です。

B : ＿＿＿＿＿＿＿＿。わたしは 小林（こばやし）で
す。どうぞ よろしく おねがい し
ます。

A : こちらこそ、どうぞ よろしく。

알아두기

▶ 「わたしは ～と 申(もう)します(저는 ～라고 합니다)」는 초면에
자기 이름을 소개할 때 쓰는 표현입니다. 申す는 言(い)う의 겸양
어로서 言う보다 공손한 말입니다.

▶ おっしゃる는 言う의 존경어로서 '말씀하시다'의 뜻입니다.

한자읽기 小林(こばやし) / 目(め) / 申(もう)す / 名前(なまえ) / 自己紹介(じこしょう
かい) / 遅(おそ)い / 言(い)う

Basic Pattern

3

오래간만이군요.

A : おひさしぶりですね。お元気です
か。
B : おかげさまで 元気です。

A : 오랜만이네요. 건강하세요?
B : 덕분에 건강해요.

→ 「おひさしぶり」는 오랜만에 만났을 때 하는 인사말입니다. 비슷한 표현으로 「격조했습니다」라는 의미의 「ごぶさたしました」를 사용하기도 합니다. 「お元気ですか」는 꼭 건강을 묻는다기보다는 「별고 없으세요?」하는 의미로 쓰입니다.

❶ 本当に ひさしぶりですね。

정말 오래간만이군요.

❷ しばらくですね。

오래간만이네요.

❸ 本当に しばらくでした。

정말 오래간만입니다.

❹ 3年ぶりですね。

3년만이군요.

14

연습

A : あら、金さんじゃ ありませんか。

B : ＿＿＿＿＿＿。加藤さん、お元気ですか。

A : おかげさまで 元気です。金さんは。

B : わたしも 元気です。

해석

A : 어머, 김씨 아니세요?

B : <u>오래간만이군요.</u> 카토오씨, 건강하세요?

A : 덕분에 건강해요. 김씨는요?

B : 저도 건강해요.

 **알아두기**

▶ 뜻하지 않은 곳에서 사람을 만난 경우 반가워하면서 「これは これは！」라고 말하는 경우를 볼 수 있습니다. 「이것은 이것은！」이라고 해석하여 의아하게 받아들일 수 있지만, 여기서는 「아니 이게 누구야！」라는 의미입니다. 「여긴 어쩐 일이야！」라고 할 때는 「どうして ここに」라는 표현이 쓰입니다. 둘 다 반갑다는 의미입니다.

한자읽기 元気(げんき) / 本当(ほんとう) / 年(ねん) / 加藤(かとう)

Basic Pattern

4

하시는 일은 잘 되세요?

A : 仕事の ほうは うまく いっていますか。

B : なんとか やって おります。

A : 하시는 일은 잘 되세요?
B : 그럭저럭 하고 있습니다.

➡ 안부를 묻는 말에는 이밖에도 「お変(かわ)り ありませんか(별일 없으세요?)」, 「いかが お過(す)ごしですか(어떻게 지내십니까?)」, 「ご機嫌(きげん) いかがですか(잘 지내세요?)」 등이 있습니다.

관련표현

❶ お仕事は いそがしいですか。
하시는 일은 바쁘세요?

❷ とても いそがしいです。
아주 바쁩니다.

❸ このごろ どうですか。
요즘 어떻게 지내세요?

❹ ご商売の ほうは うまく いって いますか。
사업은 잘 되세요?

연습

A : 加藤さんは お元気そうですね。

(かとう / げんき)

B : はい、おかげさまで。

A : ＿＿＿＿＿＿＿＿＿＿＿。

B : はい、なんとか やって おります。

알아두기

▶ 「おかげさまで 元気で やって います」를 간단히 줄여서 「おかげさまで」라고 합니다. 상대방이 안부를 물어오는 경우 습관적으로 「덕분에요」라고 하는 인사말이지요. 또 상대방이 자신의 안부를 물어올 때의 대답으로는 예문말고도 「相変(あいか)わらずです (별일 없어요)」, 「まあまあです(그저 그래요)」 등이 있습니다.

 한자읽기 仕事(しごと) / お変(かわ)り / 過(す)ごす / 機嫌(きげん) / 商売(しょうばい) / 相変(あいか)わらず

Basic Pattern

5

그럼 이만 가보겠습니다.

A : じゃ、また 会いましょう。
B : じゃ、また あした。

A : 그럼 또 뵙죠.
B : 그럼 내일 또 (뵙시다).

→ 「それじゃ」는 「それでは」의 회화체입니다. 「では」의 회화체인 「じゃ」도 같은 의미입니다. 가볍게 화제를 전환하고자 할 때 「그럼」, 「자, 그럼」이라고 하는 의미로 쓰입니다.

❶ また お会い しましょう。

또 뵙죠.

❷ バイバイ。

안녕.

❸ さようなら。

안녕히 가세요.

❹ 気を つけて お帰り ください。

조심해서 들어가세요.

❺ それじゃ、また その 時に。

그럼 그때 다시 (뵙겠습니다).

연습

A : それじゃ、時間（じかん）ですから そろそろ いきます。

B : 佐藤（さとう）さんにも よろしく お伝（つた）え ください。

A : はい、わかりました。

________________________。

해석

A : 그럼, 시간도 되었고 하니 슬슬 가보겠습니다.

B : 사토오씨에게도 안부 전해 주세요.

A : 네, 알겠습니다. 그럼 내일 뵙죠.

알아두기

▶ 헤어짐의 여러가지 표현을 알아둡시다. 현대 일어에서 「さような ら」는 그다지 많이 쓰이지 않고 「また 会（あ）いましょう」, 「では また あした」가 많이 쓰입니다. 젊은이들이나 여학생 사이에는 「バイバイ」도 많이 사용됩니다.

한자읽기 気（き）/ お帰（かえ）り / 時（とき）/ 時間（じかん）/ 行（い）く / 佐藤（さとう）/ 伝（つた）える

Basic Pattern

6
다녀오겠습니다.

^{잇 떼 키 마 스}
A : いって きます。
^{잇 떼 이 랏 샤 이}
B : いって いらっしゃい。

A : 다녀오겠습니다.
B : 다녀오세요.

→ 「いって きます」는 집을 나올 때의 인사말인 「いって まいります」 와 같은 뜻의 말이지만 요즘은 「いって きます」가 더 많이 쓰입 니다.

^{잇 떼 마 이 리 마 스}
❶ いって まいります。
다녀오겠습니다.

^{난 지 마 데 니 카 에 리 마 스 카}
❷ 何時までに 帰りますか。
몇 시까지 들어오세요?

^{오 카 에 리 와 오소 인 데 스 까}
❸ お帰りは 遅いんですか。
늦게 들어오시나요?

^{타 다 이 마}
❹ ただいま。
다녀왔습니다.

^{오 카 에 리 나 사 이}
❺ おかえりなさい。
어서 오세요.

연습

A : _______________。

B : 今日、授業 ありますか。

A : はい、10時から あります。

B : いって いらっしゃい。

해석

A : *다녀오겠습니다.*

B : *오늘 수업 있어요?*

A : *네, 10시부터 있어요.*

B : *다녀오세요.*

 **알아두기**

▶ 외출했다 돌아와서 「ただいま」라고 하면 집에 있던 사람은 들어 오는 사람이 손윗사람이든 손아랫사람이든 상관없이 「おかえり なさい」라고 대답하면 됩니다.

한자읽기 何時(なんじ)/ 帰(かえ)る /遅(おそ)い /今日(きょう)/ 授業(じゅぎょう)

暴走族(폭주족)

　일본경찰의 골칫거리였던 오토바이 폭주족들의 모습을 TV에서 접한 분들이 많이 있을 것입니다. 경찰들이 커다란 그물로 바리케이트를 쳐놓고 폭주족들을 단속하는 모습이 이제는 우리에게도 낯설기만한 풍경은 아닙니다. 그런데 요즘은 일본에서 '폭주차량'이 새로운 골칫거리로 떠오르고 있습니다. 말하자면 자동차 스피드매니아라고 할 수 있겠는데, 이들은 빠른 스피드뿐 아니라 화려한 차량개조로도 눈길을 끌고 있습니다. 젊은이들의 단순한 과시욕으로도 볼 수 있겠지만 이들의 질주는 안전과 직결되는 것이기 때문에 경찰들과의 신경전을 피할 수 없습니다.

　재미있는 것은 얼마전부터 우리나라에서도 국산차량을 화려하게 개조하여 사람들의 눈길을 끄는 '차량개조족'들이 보인다는 것입니다. 눈에 띄는 네온장식과 함께 차체 밖까지 시끄럽게 울려퍼지는 음악소리가 그 특징이라고 할 수 있는데, '야타족'들이 사라진 자리를 이들이 메우는 것일까요?

제 **2** 장

소개

2 소 개

Basic Pattern

1

소개해 드리겠습니다.

A : ご紹介いたします。
こちらは 小林さんです。
B : はじめまして。中村です。
どうぞ よろしく。

A : 소개해 드리겠습니다. 이분은 고바야시씨입니다.
B : 처음 뵙겠습니다. 나카무라입니다. 잘 부탁드립니다.

➡ こちらは 원래 「이쪽」이라는 뜻으로 쓰이지만 자신에 가까운 사람을 공손히 지칭할 때에 「이분」이라는 뜻으로 쓰이기도 합니다.

❶ わたしに その かたを ご紹介 いただけませんか。
제게 그분을 소개시켜 주시지 않겠습니까?

❷ これは 妻で、これは 息子の 太郎です。
이쪽은 제 안사람이고, 이쪽은 제 아들 타로오입니다.

❸ うちの 主人です。
제 남편입니다.

❹ うちの 課長です。
저희 회사 과장님입니다.

연습

A : ご紹介<ruby>しょうかい</ruby>いたします。こちらは 小
林<ruby>ばやし</ruby>さんで、＿＿＿＿＿＿＿＿＿。

B : はじめまして。小林<ruby>こばやし</ruby>です。どうぞ
よろしく。

C : はじめまして。中村<ruby>なかむら</ruby>です。どうぞ
よろしく おねがい いたします。

A : 소개해 드리겠습니다. 이분은 고바야시 씨이고, 이분은 나카무라씨입니다.

B : 처음 뵙겠습니다. 고바야시입니다. 앞으로 잘 부탁드립니다.

C : 처음 뵙겠습니다. 나카무라입니다. 잘 부탁드립니다.

알아두기

▶ 자기 자신이 속해 있는 집단이나 그 구성원을 가리킬 때에는 「うちの〜」로 표현합니다.
· うちの会社(かいしゃ) 우리 회사

▶ 회사내의 사람을 다른 사람에게 소개할 때 「山田課長(やまだ かちょう)、金社長(キム しゃちょう)」의 식으로 하지 않고 「課長の 山田、社長の 金」이라고 해야 합니다. 또한 직책 뒤에 「〜さん」을 붙이지 않도록 해야 합니다. 일본의 경어법은 자신과 가까운 사람에게는 경칭을 쓰지 않기 때문이지요.

한자읽기 紹介(しょうかい) / 中村(なかむら) / 妻(つま) / 息子(むすこ) / 太郎(たろう) / 主人(しゅじん) / 課長(かちょう) / 会社(かいしゃ) / 山田(やまだ) / 社長(しゃちょう)

Basic Pattern

2
저분은 누구세요?

A : あの かたは どなたですか。
B : あの ひとは 小林さんです。

저분은 누구세요?
저 사람은 고바야시씨입니다.

➡ 「かた」는 「ひと」를 높여 부르는 말이고 「どなた」는 「だれ」의 공손한 말입니다.

관련표현

❶ わたしの 先輩[後輩]です。

저의 선배[후배]입니다.

❷ その ひとは わたしの 上司[部下]です。

그는 나의 상사[부하]입니다.

❸ わたしたちは 同じ会社で 仕事を して います。

우리는 같은 회사에서 일을 하고 있습니다.

❹ かれは 会社の同僚です。

그는 회사의 동료입니다.

❺ わたしたちは 知り合いです。

우리는 아는 사이입니다.

연습

A : ＿＿＿＿＿＿＿＿＿＿。

B : あの ひとは 小林_{こばやし}さんです。

A : 小林_{こばやし}さんも 会社員_{かいしゃいん}ですか。

B : はい、そうです。

해석

A : <u>저분은 누구십니까?</u>

B : 저 사람은 고바야시 씨입니다.

A : 고바야시씨도 회사원입니까?

B : 네, 그렇습니다.

 알아두기

▶ 3·5번 관련표현의 「わたしたちは」에서 「〜たち」는 두 명 이상의 사람을 표현할 때 쓰는 「〜들」이란 말입니다.

한자읽기 先輩(せんぱい) / 後輩(こうはい) / 上司(じょうし) / 部下(ぶか) / 同(おな)じ / 仕事(しごと) / 同僚(どうりょう) / 知(し)り合(あ)い / 会社員(かいしゃいん)

Basic Pattern

3
성함이 어떻게 되세요?

오 나 마에 와　난 또　 옷 샤 이 마 스 까
A : お名前は 何と おっしゃいますか。

나카 무라 데 스
B : 中村です。

A : 성함이 어떻게 되십니까?

B : 나카무라입니다.

➡ 일본인들은 성만 해도 10여 만 가지가 넘고 읽는 방법도 그에 못
지 않게 많기 때문에 명함을 받았을 때 받아든 자리에서 한자의
읽는 방법을 물어 확인해도 실례가 되지 않습니다.

관련표현

돈 나 칸 지데스 까
❶ どんな 漢字ですか。

한자가 어떻게 되십니까?

메- 시 데 스　 도 - 조
❷ 名刺です。どうぞ。

명함입니다 (받으시죠).

스 미 마 셍 가 메- 시 가 　아 리 마 셍
❸ すみませんが 名刺が ありません。

죄송합니다만 명함이 없습니다.

쵸- 　도 메-시 오 키 라 시 테 시 맛 떼
❹ ちょうど 名刺を 切らして しまって。

마침 명함이 다 떨어져서요.

정 진 쇼- 지 노 최 데 스
❺ 正進商事の 崔です。

정진상사의 최입니다.

연습

A : _______________________________。

B : 中村^{なかむら}です。

A : わたしは 高橋^{たかはし}と 申^{もう}します。

わたしの 名刺^{めいし}です。

B : ありがとう ございます。

해석

A : <u>성함이 어떻게 되십
니까?</u>

B : 나카무라입니다.

A : 저는 다카하시라고
합니다. 제 명함입니
다.

B : 감사합니다.

 알아두기

▶ 마침 가지고 있던 명함이 떨어졌을 때 「名刺の 持(も)ち合(あ)わ
せが ありません / 名刺を 切らして います」라고 말하면 됩니다.
「持ち合わせ」라고 하면 「마침 가지고 있는 것」이라는 뜻입니다.

한자읽기 何(なん) / 中村(なかむら) / 漢字(かんじ) / 名刺(めいし) / 切(き)らす /
商事(しょうじ) / 高橋(たかはし) / 持(も)ち合(あ)わせ

Basic Pattern

4
한국인이세요?

^{김 상 와 강 꼬꾸 진 데 스 까}
A : 金さんは 韓国人ですか。
^{하 이 와 따 시 와 강 꼬꾸 진 데 스}
B : はい、わたしは 韓国人です。

A : 김씨는 한국인입니까?
B : 네, 저는 한국인입니다.

➡ 국적을 말할 때는 「~人(じん)です(~인입니다)」로 표현하면 됩니다. 「어디에서 오셨습니까?」라고 물어오면 한국어와 마찬가지로 「~(나라이름)です」라고 대답하면 됩니다.

관련표현

^{아 나 따 노 쿠니 와 도 꼬 데 스 까}
❶ あなたの 国は どこですか。
당신의 국적은 어디입니까?

^{이 기 리 스 데 스 친 상 와}
❷ イギリスです。 チンさんは。
영국입니다. 친씨는요?

^{와 따 시 와 츄-고꾸 진 데 스}
❸ わたしは 中国人です。
저는 중국인입니다.

^{와 따 시 와 아 메 리 카 진 데 스}
❹ わたしは アメリカ人です。
저는 미국인입니다.

연습

A : 金さんは 韓国人（かんこくじん）ですか。

B : はい、＿＿＿＿＿＿＿＿＿＿。

A : チンさんは 日本人（にほんじん）ですか。

B : いいえ、わたしは 日本人（にほんじん）では
ありません。

해석

A : 김씨는 한국인입니까?

B : 네, 저는 한국인입니다.

A : 친씨는 일본인입니까?

B : 아니오, 저는 일본인이 아닙니다.

알아두기

▶ 「～では ありません（～이 아닙니다）」은 「～です（～입니다）」의 부정어로 부정의 대답인 「いいえ」와 호응하여 「いいえ、～では あ
りません」의 형태로 쓰이며 회화체에서는 대부분 이를 줄여서
「～じゃ ありません」이라고 합니다.

한자읽기 韓国人（かんこくじん）/ 国（くに）/ 中国人（ちゅうごくじん）/ 日本人（に
ほんじん）

Basic Pattern

5

직업이 뭐세요?

고 쇼꾸교- 와   난 데 스 까
A : ご職業は なんですか。

와 따 시 와 각 세- 데 스
B : わたしは 学生です。

A : 직업이 뭐세요?
B : 저는 학생입니다.

➡ 우리나라에서는 중고등학생이든 대학생이든 모두 「학생」이라고 표현하지만, 일본에서 「生徒(せいと)」는 중고등학생, 「学生」는 대학생을 가리킵니다.

관련표현

와 따 시 와 심 분 샤 니 츠 또 메 떼 이 마 스
❶ わたしは 新聞社に つとめて います。

저는 신문사에서 일하고 있습니다.

와 따 시 와 카 테- 노 슈 후 데 스
❷ わたしは 家庭の 主婦です。

저는 가정주부입니다.

보- 에끼 가이 샤 오 케-에- 시 떼 이 마 스
❸ 貿易会社を 経営して います。

무역회사를 경영하고 있습니다.

엥 게끼 오 시 떼 이 마 스
❹ 演劇を して います。

연극을 하고 있습니다.

비 쥬쯔 노 벵 쿄- 오 시 떼 이 마 스
❺ 美術の 勉強を して います。

미술공부를 하고 있습니다.

연습

A : 幸子さんの ご職業は なんですか。

B : ＿＿＿＿＿＿＿。大学 2年生です。洋子さんは。

A : わたしは 銀行に つとめて います。

해석

A : 사치꼬씨의 직업은 뭔가요?

B : 저는 학생입니다. 대학 2학년입니다. 요오코씨는요?

A : 저는 은행에 다니고 있습니다.

알아두기

▶ 「~공부를 하다」는 ～の를 써서 「～の勉強を する」라고 표현합니다. 또 간단하게 「～を 勉強して いる(～를 공부하고 있다)」라고 해도 상관없습니다.

▶ 우리나라에서는 학년을 말할 때 「～학년(学年)」이라고 하지만 일본에서는 우리와 다르게 「～年生」라고 합니다.

> **한자읽기** 職業(しょくぎょう) / 学生(がくせい) / 新聞社(しんぶんしゃ) / 家庭(かてい) / 主婦(しゅふ) / 貿易会社(ぼうえきがいしゃ) / 経営(けいえい) / 演劇(えんげき) / 美術(びじゅつ) / 勉強(べんきょう) / 幸子(さちこ) / 大学(だいがく) / 年生(ねんせい) / 洋子(ようこ) / 銀行(ぎんこう)

Basic Pattern

6

회사에서 무슨 일을 하세요?

A : 会社で 何の おしごとを して います か。

B : 販売業務を 担当して います。

A : 회사에서 무슨 일을 하세요?

B : 판매업무를 담당하고 있습니다.

→ 「何の おしごとを して いますか」는 「일」을 뜻하는 しごと에 미화어 お가 붙어 「무슨 일을 하세요?」라는 뜻을 나타냅니다. 「~을 담당하고 있다」는 「~を 担当して いる」라고 합니다.

관련표현

❶ 大学で 何を 専攻して いらっしゃいますか。

대학에서 무엇을 전공하고 계세요?

❷ 大学での 専攻は 経済学です。

대학에서의 전공은 경제학입니다.

❸ どの大学に かよって いらっしゃいますか。

어느 대학에 다니고 계세요?

❹ どの会社に つとめて いらっしゃいますか。

어느 회사에서 일하고 계세요?

연습

A : 大学で 何を 勉強して います
   か。

B : 経済学を 勉強して います。

　　　＿＿＿＿＿＿＿＿＿＿＿＿＿。

A : わたしは 販売業務を 担当して
   います。

해석

A : 대학에서 뭘 공부하
   세요?

B : 경제학을 공부하고
   있습니다. <u>회사에서
   무슨 일을 하세요?</u>

A : 저는 판매업무를 담
   당하고 있습니다.

 알아두기

▶ 「~に つとめて いる」는 「~에서 일하고 있다」는 문형입니다. 「무
  슨 ~에 다니고 있으세요?」 등 소속을 묻는 질문에 있어서는 ど
  の를 써서 「どの ~に つとめて いますか」로 말합니다.

▶ 「いらっしゃいますか」는 「いますか」의 정중한 말입니다. 아는 사
  이에는 「いますか」라고 해도 상관이 없으나 초면에 만나 이야기
  를 할 때는 공손하게 말하는 것도 좋습니다.

한자읽기 会社(かいしゃ) / 販売業務(はんばいぎょうむ) / 担当(たんとう) / 専攻(せ
んこう) / 経済学(けいざいがく)

Basic Pattern

7

댁은 어디세요?

A : お宅は どちらですか。
B : 東京です。

A : 댁은 어디세요?
B : 도쿄입니다.

→ お宅(たく)는 家(いえ)의 공손한 말로「댁」이라는 뜻입니다.「댁은 어디세요?」라고 할 때 어디라는 말은 どこ보다는 どちら를 많이 씁니다.

관련표현

❶ お住まいは どちらですか。
　살고 계신 곳은 어디에요?

❷ どこに 住んで いらっしゃいますか。
　어디에 살고 계십니까?

❸ 京都の郊外に 住んで います。
　교토의 교외에 살고 있습니다.

❹ 横須賀市内に 住んで います。
　요코스카 시내에 살고 있습니다.

❺ 交通が 便利です。
　교통이 편리합니다.

연습

A : _______________________。

B : 東京です。金さんは。

A : わたしは 韓国の ソウルに 住んで います。交通が 便利で、住むのには いい ところです。

알아두기

▶ 「お住まい」는 「お宅」와 같은 말로 「살고 계신 곳」이라는 뜻입니다. 「~에 살다」는 「~に 住んで いる」라고 표현합니다.

한자읽기 お宅(たく) / 東京(とうきょう) / お住(す)まい / 住(す)む / 京都(きょうと) / 郊外(こうがい) / 横須賀(よこすか) / 市内(しない) / 交通(こうつう) / 便利(べんり)

Basic Pattern

8

어디에서 오셨어요?

A : わたし そこに 住んでいますよ。
どちらからですか。

B : 韓国です。

A : 저 거기에 살아요. 어디에서 오셨어요?

B : 한국이오.

→ 「どちらからですか」는 「어디에서 오셨습니까?」라는 뜻으로, 「どちらから いらっしゃいましたか」가 생략된 말입니다.

관련표현

❶ この周り お詳しいですか。

이 주변을 잘 아세요?

❷ わたしも そこへ いくところです。

저도 그곳에 가던 참입니다.

❸ 向こうで 会いましょうよ。

거기서 만나죠.

❹ 着いたら 連絡します。

도착하면 연락하겠습니다.

연습

A : どこまで いくんですか。

B : 箱根<ruby>はこね</ruby>までです。

A : わあ 偶然<ruby>ぐうぜん</ruby>！わたし そこに 住<ruby>す</ruby>ん で いるんですよ。＿＿＿＿＿＿＿＿

＿＿＿。

B : 韓国<ruby>かんこく</ruby>です。休暇<ruby>きゅうか</ruby>を とって きました。

해석

A : 어디까지 가세요?

B : 하코네까지요.

A : 와 우연이네요! 저 거기 살아요. <u>어디에서 오셨어요?</u>

B : 한국이오. 휴가를 얻어 왔어요.

한자읽기 韓国(かんこく) / 周(まわ)り / 詳(くわ)しい / 向(む)こう / 会(あ)う / 着(つ)く / 連絡(れんらく) / 箱根(はこね) / 偶然(ぐうぜん) / 休暇(きゅうか)

お風呂(목욕)

　일본인들이 목욕을 즐기는 것은 잘 알려져 있는 일입니다. 하루의 일과가 끝나고 따뜻한 물에 몸을 담가 피로를 푸는 것은 그들의 작은 기쁨입니다.

　일본의 욕조는 옛날에는 스텐으로 된 일본식이 대부분이었지만 요즘은 서양식 욕조를 많이 씁니다. 먼저 밖에서 몸을 깨끗이 씻고 나서 욕조에 들어갔다 나오는 것인데 한번 받아놓은 물은 전 가족이 씁니다. 좀 재미있는 것은 물이 식지 않게 하기 위해 목욕을 하고 나서 욕조에 둘둘 말게 된 덮개를 덮어 놓습니다. 그리고 나서도 다 쓴 물은 버리는 것이 아니라 세탁기와 욕조가 연결되어 있어 그 물로 옷세탁을 합니다. 물 한방울도 소홀히 버리지 않는 절약정신을 엿볼 수 있습니다.

제 3 장

감사 · 사과 · 축하

1. 감사합니다.
2. 신세 많이 졌습니다.
3. 죄송해요, 늦잠을 잤어요.
4. 새해 복 많이 받으세요.

Basic Pattern　1

감사합니다.

^{아 리 가 토-}　　^{고 자 이 마 스}
A : ありがとう ございます。
^{도- 이 타 시 마 시 테}
B : どういたしまして。

A : 감사합니다.
B : 별말씀을.

▶「どういたしまして」는 상대방이 감사나 사과의 말을 했을 때「천만에요(You're welcome)」라고 응수하는 말에 해당합니다. 또한 다른 사람에게 과분한 칭찬을 들었을 때「아이, 뭘요」라고 대답하는 말로도 많이 쓰입니다.

^{아 리 가 토-}
❶ ありがとう。
　고마워.

^{도- 모 아 리 가 토- 고 자 이 마 스}
❷ どうも ありがとう ございます。
　대단히 감사합니다.

^{고 찌 라 코 소 아 리 가 토- 고 자 이 마 스}
❸ こちらこそ ありがとう ございます。
　저야말로 감사합니다.

^{이 로 이 로 타 스 카 리 마 시 타}
❹ いろいろ 助かりました。
　여러가지로 도움이 되었습니다.

연습

A : 恵美（めぐみ）さん、手伝（てつだ）いましょうか。

B : 動（うご）かし方（かた）が わかりません。あ、

ありがとうございます。

A : ＿＿＿＿＿＿＿＿。

알아두기

▶ 한국인들이 일본인들에게 고맙다는 표현을 할 때 「ありがとう」라
고 해서 일본인들이 내심 당황하는 경우가 있다는 말을 종종 듣
게 됩니다. 「ありがとう」는 친한 사이에 가볍게 「고마워」라고 할
때 쓰는 말임을 알아두세요. 예의를 갖춰 말해야 하는 상대의 경
우에는 반드시 「ありがとうございます」라고 해야 합니다.

한자읽기 助（たす）かる / 恵美（めぐみ） / 手伝（てつだ）う / 動（うご）かし方（かた）

Basic Pattern

2

신세 많이 졌습니다.

A : たいへん お世話に なりました。
B : いいえ、どういたしまして。

A : 신세 많이 졌습니다.
B : 아니오, 별말씀을요.

➜ 「たいへん」은 보통 「큰일」이라는 뜻으로 쓰이지만, 여기서는 「대단히, 몹시」라는 의미로 쓰였습니다.
「世話に なる」를 비롯하여 「迷惑(めいわく)を かける(신세를 지다)」、「手数(てすう)を かける(수고를 끼치다)」에 お나 ご를 붙여 「お…する/ご…する」 형태를 취하여 「ご迷惑を おかけする/お手数を おかけする」로 씁니다.

관련표현

❶ おつかれさまでした。

수고하셨습니다.

❷ ご苦労さまでした。

수고하셨습니다.

❸ たいへん ご迷惑を おかけしました。

대단히 신세졌습니다.

❹ お手数を おかけしました。

폐 많이 끼쳤습니다.

연습

A : あら、小野<ruby>小野<rt>おの</rt></ruby>さんじゃ ありません
　　か。どうして ここに。

B : ちょっと 用事<ruby>用事<rt>ようじ</rt></ruby>が ありまして。

A : 小野<ruby>小野<rt>おの</rt></ruby>さん この前<ruby>前<rt>まえ</rt></ruby>は たいへん

　　＿＿＿＿＿＿＿＿。

B : いいえ、どういたしまして。

해석

A : 어머, 오노씨 아니세요? 여기는 어쩐 일이세요?

B : 좀 볼일이 있어서요.

A : 오노씨, 요전에는 정말 신세 많이 졌어요.

B : 아니오, 별말씀을요.

알아두기

▶ あら는 주로 여성들이 가볍게 놀랐을 때 많이 쓰는 말로 「어머!」에 해당하는 말입니다.

▶ 「ご苦労さまでした」는 손아랫사람에게 「수고했어요」 하는 의미로 쓰는 말입니다. 손위아래 관계없이 무난히 쓸 수 있는 말은 「おつかれさまでした」라는 것을 알아둡시다.

한자읽기 世話(せわ) / 迷惑(めいわく) / 手数(てすう) / 苦労(くろう) / 小野(おの) / 用事(ようじ) / 前(まえ)

Basic Pattern 3

죄송해요, 늦잠을 잤어요.

A : 田中さん、どうしたんですか。

B : すみません、朝寝坊しました。

A : 다나카씨, 어떻게 된 거에요?

B : 죄송해요, 늦잠을 잤어요.

➡ 「朝寝坊する」하게 되면 「늦잠을 자다」라는 뜻입니다.
「すみません」는 「すいません」으로도 발음합니다.

관련표현

❶ ごめんなさい。
미안합니다.

❷ 申し訳 ありません。
죄송합니다.

❸ お許し ください。
용서해 주세요.

❹ そう いう つもりでは なかったのです。
그런 뜻이 아니었습니다.

❺ だれの せいでも ありません。
누구의 잘못도 아닙니다.

연습

A : 田中さん、＿＿＿＿＿＿＿＿＿＿。

B : すみません、朝寝坊しました。

A : あしたから 気を つけて くださ
いね。

B : はい、わかりました。

해석

A : 다나카씨, <u>어떻게 된
거에요?</u>

B : 죄송합니다, 늦잠을
잤어요.

A : 내일부터는 주의하
세요.

B : 네, 알겠습니다.

 ## 알아두기

▶ 「申し訳 ありません」은 「申し訳＋ありません」으로 「죄송합니다/
변명의 여지가 없습니다」의 뜻입니다. 「ごめん ごめん」은 친구들
사이에 쓸 수 있는 말로 「미안 미안!」이라고 하는 말입니다. 또
「とんでも ありません」은 사과의 말을 들었을 때 「뭘 그런 말씀
을/천만에요」라는 말입니다. 이와 비슷한 표현으로 「かまいませ
んよ(상관 없어요)」와 「気に しないで ください(괜찮아요/신경쓰
지 마세요)」도 있습니다.

한자읽기 田中(たなか) / 朝寝坊(あさねぼう) / 申(もう)し訳(わけ) / 許(ゆる)す /
気(き)

Basic Pattern 4

새해 복 많이 받으세요.

A : あけまして おめでとう ございます。

B : 今年も よろしく おねがいします。

A : 새해 복 많이 받으세요.

B : 올해도 잘 부탁드려요.

➡ 「새해가 밝다」는 뜻인 「あける」에 「~て おめでとう ございます (~를 축하합니다)」를 붙이면 「새해 복 많이 받으세요」가 됩니다.

관련표현

❶ よい お年を お迎え ください。

새해 복 많이 받으세요.

❷ メリークリスマス！

메리 크리스마스!

❸ お誕生日、おめでとう ございます。

생일 축하해요.

❹ ご卒業、おめでとう ございます。

졸업 축하드려요.

연습

A : あけまして おめでとう ございま
す。

B : ＿＿＿＿＿＿＿＿。今年も よろ
しく おねがいします。

A : 崔さん、今年は、どんな 計画が
ありますか。

B : 別に ありません。

해석

A : 새해 복 많이 받으세요.

B : 새해 복 많이 받으세요. 올해도 잘 부탁드립니다.

A : 최 선생님, 올해는 어떤 계획이 있으신가요?

B : 특별하게는 없습니다.

 **알아두기**

▶ 어떤 일을 축하할 때는 축하하고자 하는 단어의 뒤에 「おめでとう ございます」를 붙이기만 하면 「~축하해요!」하는 표현이 됩니다. 결혼을 축하할 때는 「ご結婚(けっこん)、おめでとう ございます」, 합격을 축하할 때는 「合格(ごうかく)、おめでとう ございます」, 승진을 축하할 때는 「ご昇進(しょうしん)、おめでとう ございます」라고 하면 됩니다. 간단하지요?

한자읽기 今年(ことし) / 年(とし) / 迎(むか)える / 誕生日(たんじょうび) / 卒業(そつぎょう) / 計画(けいかく) / 別(べつ)

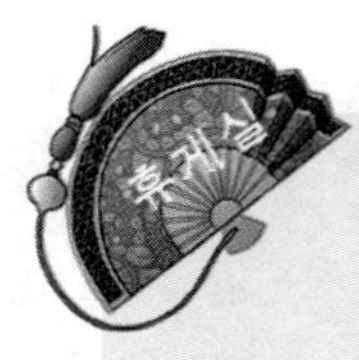

年賀状(연하장)

일본에서는 연말연시가 되면 우리나라와 마찬가지로 연하장을 주고받습니다. 보통 수십통씩 일가친척이나 친구, 신세를 진 사람에게 보내는데 특이할 만한 것은 우리나라에서처럼 가게에서 파는 것을 사서 부치는 것이 아니라 자기 자신이 직접 관제엽서 같은 것에다가 그림을 넣어 만들어 자신만의 독특한 연하장을 만들어 보낸다는 것입니다. 그래서인지 연하장에 원하는 그림을 찍을 수 있는 기계도 나와 있습니다.

날짜 · 시간 · 나이

4

날짜 · 시간 · 나이

Basic Pattern

1

오늘은 며칠입니까?

A : 今日は なんにちですか。
교 와 난 니찌 데 스 까

B : ２３日です。
니쥬- 산 니찌 데 스

A : 오늘은 며칠입니까?

B : 23일입니다.

→ 「오늘이 몇 월 며칠이에요?」는 「今日は 何月何日(なんがつなんにち)ですか」입니다.

♣ 날짜 읽기 ♣

日曜日	月曜日	火曜日	水曜日	木曜日	金曜日	土曜日
	1日 ついたち	2日 ふつか	3日 みっか	4日 よっか	5日 いつか	6日 むいか
7日 なのか	8日 ようか	9日 ここのか	10日 とおか	11日 じゅういちにち	12日 じゅうににち	13日 じゅうさんにち
14日 じゅうよっか	15日 じゅうごにち	16日 じゅうろくにち	17日 じゅうしちにち	18日 じゅうはちにち	19日 じゅうくにち	20日 はつか
21日 にじゅういちにち	22日 にじゅうににち	23日 にじゅうさんにち	24日 にじゅうよっか	25日 にじゅうごにち	26日 にじゅうろくにち	27日 にじゅうしちにち
28日 にじゅうはちにち	29日 にじゅうくにち	30日 さんじゅうにち	31日 さんじゅういちにち			

＊ 일본어로 날짜를 표현할 때에는, 1일부터 10일까지와 20일만 고유어로 나타내고, 그 나머지는 한자계수로 말합니다.

연습

A : ________________________。

B : ２３日です。（にじゅうさんにち）

A : 夏休みは いつからですか。（なつやす）

B : ２９日からです。（にじゅうくにち）

해석

A : <u>오늘이 며칠입니까?</u>

B : 23일입니다.

A : 여름휴가는 언제부터입니까?

B : 29일부터입니다.

 **알아두기**

▶ 「一日」은 「いちにち・ついたち」의 두 가지 방법으로 읽는데, 날짜를 말할 때는 「ついたち」로 읽고, 시간의 경과를 나타내는 「하루」라고 할 때는 「いちにち」로 읽습니다.

▶ 월 말하기

1月	2月	3月	4月	5月	6月
いちがつ	にがつ	さんがつ	しがつ	ごがつ	ろくがつ

7月	8月	9月	10月	11月	12月
しちがつ	はちがつ	くがつ	じゅうがつ	じゅういちがつ	じゅうにがつ

한자읽기 今日(きょう) / 日(にち) / 何月何日(なんがつなんにち) / 23日(にじゅうさんにち) / 夏休(なつやす)み / 29日(にじゅうくにち)

Basic Pattern

2

오늘이 무슨 요일이지요?

A : 今日は 何曜日ですか。
B : 火曜日じゃないですか。

A : 오늘이 무슨 요일이지요?
B : 화요일 아닌가요?

➡ ~曜日를 줄여서 「今日は 水曜(すいよう)です」와 같이 ~曜로
도 씁니다. 「~じゃないですか」는 부정이 아니고 반어의 뜻으로
강조의 기분을 나타냅니다.

관련표현

❶ 来月 連休が 一週間 あります。

다음달 연휴가 일주일간 있습니다.

❷ 先週の 木曜日、友達に 会いました。

저번주 목요일 친구를 만났습니다.

❸ 今週の 金曜日は ２７日です。

이번주 금요일은 27일입니다.

❹ 来週の 日曜日まで 続きます。

다음주 일요일까지 계속됩니다.

❺ 再来週までに 終らせて ください。

다다음주까지 끝내주세요.

연습

A : ＿＿＿＿＿＿＿＿＿＿＿。

B : 火曜日じゃないですか。

A : じゃ、あしたが 水曜日ですね。

　　 あしたは なにを しますか。

B : 授業が あるので 学校に いきます。

해석

A : 오늘이 무슨 요일이지요?

B : 화요일 아니에요?

A : 그럼 내일이 수요일이네요. 내일은 뭐하세요?

B : 수업이 있어 학교에 갈 겁니다.

알아두기

▶ 요일

月曜日	火曜日	水曜日	木曜日	金曜日	土曜日
げつようび	かようび	すいようび	もくようび	きんようび	どようび

▶ 년 · 월 · 일

년	きょねん(작년)	ことし(올해)	らいねん(내년)
월	せんげつ(전달)	こんげつ(이번달)	らいげつ(다음달)
주	せんしゅう(저번주)	こんしゅう(이번주)	らいしゅう(다음주)
일	きのう(어제)	きょう(오늘)	あした(내일)

한자읽기 曜日(ようび) / 連休(れんきゅう) / 一週間(いっしゅうかん) / 日曜日(にちようび) / 続(つづ)く / 授業(じゅぎょう) / 学校(がっこう)

Basic Pattern

3
지금 몇 시에요?

^{이마 난 지데스까}
A : 今 何時ですか。

^{쥬-니 지 데 스}
B : 12時です。

A : 지금 몇 시입니까?

B : 12시입니다.

➤ 「~시 정각입니다」는 「~時(じ) ちょうどです」입니다. 위의 예문을 「12시 정각입니다」로 표현할 때에는 「12時(じゅうにじ) ちょうどです」라고 하면 됩니다.

^{이마 남 뿡데스 까}
❶ 今 何分ですか。 지금 몇 분입니까?

^{고 고 이치지 한 데 스}
❷ 午後 1時半です。 오후 1시 반입니다.

^{이치 지 산쥬ㅂ 뿐 데 스}
❸ 1時 30分です。 1시 30분입니다.

^{모- 스꼬시 시 따라 고 지데스}
❹ もう 少ししたら 5時です。 조금 있으면 5시입니다.

^{다 이 따이 산지데스}
❺ だいたい 3時です。 거의 3시입니다.

^{고 지 롭뿡스기데스}
❻ 5時 6分すぎです。 5시 6분 지났습니다.

^{요지 고 훔 마에데 스}
❼ 4時 5分前です。 4시 5분 전입니다.

연습

A : すみませんが、＿＿＿＿＿＿＿。

B : 12時です。

A : では、今、昼休みですね。

B : いいえ、まだです。昼休みは 12 時半からです。

해석

A : *실례지만, 지금 몇 시입니까?*

B : *12시입니다.*

A : *그럼, 지금 점심시간 이겠네요.*

B : *아니오, 아직입니다. 점심시간은 12시 반 부터입니다.*

알아두기

▶ 사람이나 사물을 셀 때 4와 7을 「し・しち」로는 잘 읽지 않습니다. 4와 7의 し발음이 죽을 사(死[し])발음을 연상시키기 때문입니다.

▶ 시간읽기

一時	二時	三時	四時	五時	六時
いちじ	にじ	さんじ	よじ	ごじ	ろくじ
七時	八時	九時	十時	十一時	十二時
しちじ	はちじ	くじ	じゅうじ	じゅういちじ	じゅうにじ

한자읽기 今(いま) / 何時(なんじ) / 12時(じゅうにじ) / 何分(なんぷん) / 午後(ご ご) / 1時半(いちじはん) / 30分(さんじゅっぷん) / 少(すこ)し / 3時(さん じ) / 6分(ろっぷん) / 4時(よじ) / 5分前(ごふんまえ) / 昼休(ひるやす)み

Basic Pattern

4

어느 정도 걸립니까?

A : 学校まで どのくらい かかります
か。

B : 2時間ぐらい かかりますよ。

A : 학교까지 얼마 정도 걸립니까?
B : 2시간 정도 걸립니다.

➡ 「くらい」는 수량 · 기준을 나타내는 말과 함께 쓰여 「~정도」의
의미를 가집니다. 탁음이 붙어 「ぐらい」가 될 때도 있지만 그다지
중요하지는 않습니다.

❶ 学校まで 遠いですか。 학교까지 멉니까?

❷ あるいて 10分 かかります。 걸어서 10분 걸립니다.

❸ 地下鉄で 40分 かかります。 지하철로 40분 걸립니다.

❹ どのくらいに なりますか。 어느 정도 됩니까?

❺ そろそろ 2ヵ月に なります。 그럭저럭 2개월이 됩니다.

연습

A : 高橋さんは 毎日 何時ごろ 家を
出ますか。

B : 6時半ごろ 家を 出ます。

A : えっ、早いんですね。学校まで
_________________________。

B : だいたい 2時間ぐらい かかります
よ。

해석

A : 다카하시씨는 매일 몇 시 정도에 집을 나오세요?

B : 6시 반 정도에 집을 나옵니다.

A : 네? 빠르네요. 학교까지 <u>어느 정도 걸립니까?</u>

B : 대략 2시간 정도 걸립니다.

 알아두기

▶ 분읽기

1分	2分	3分	4分	5分	6分
いっぷん	にふん	さんぷん	よんぷん	ごふん	ろっぷん
7分	8分	9分	10分	15分	30分
ななふん	はっぷん	きゅうふん	じゅっぷん	じゅうごふん	さんじゅっぷん

＊ 사물을 셀 때에는 숫자를 나타내는 말과 함께 조수사가 쓰이는데, 이때 조수사의 발음이 때때로 변합니다. 자세히 살펴보면 대부분 1, 3, 6, 8, 10에서 변한다는 것을 알 수 있습니다.

한자읽기 2時間(にじかん) / 遠(とお)い / 10分(じゅっぷん) / 地下鉄(ちかてつ) / 2ヵ月(にかげつ) / 毎日(まいにち) / 家(いえ) / 出(で)る / 早(はや)い

5
시계가 맞나요?

A : この 時計は 合って いますか。

B : 5分 進んで います。

A : 이 시계는 맞습니까?

B : 5분 빠릅니다.

➡ 「(시계가) 빠르다」는 「進(すす)む」, 「(시계가) 느리다」는 「遲(おく)れる」입니다.

❶ この 時計は 2分 早いです。

이 시계는 2분 빠릅니다.

❷ この 時計は 2分 遲れて います。

이 시계는 2분 느립니다.

❸ 3分ほど 進んで いる ようです。

3분 정도 빠른 것 같습니다.

❹ 時計を 2分 進ませて 置きます。

시계를 2분 빨리 해놓았습니다.

연습

A : 待_まち合_あわせは 何時_{なんじ}ですか。

B : 2時_じです。

A : 伊藤_{いとう}さんの 時計_{とけい}は 合_あって いますか。

B : ____________。じゃあ、すこし 急_{いそ}がないと、間_まに 合_あいませんね。

알아두기

▶ 만날 장소와 시간을 정해놓는 것을 「待ち合わせ」라고 합니다.

▶ 사람들이 원형으로 앉아서 토론이나 회의를 하는 경우, 순서를 정할 때 「시계방향으로 하지요」라는 말을 많이 합니다. 이런 경우 일본어로는 「時計回(とけいまわ)り」라고 합니다.

· 時計回りに 見(み)て ください。 (시계방향으로 봐 주세요)

한자읽기 時計(とけい) / 合(あ)う / 5分(ごふん) / 進(すす)む / 2分(にふん) / 早(はや)い / 遅(おく)れる / 3分(さんぷん) / 置(お)く / 待(ま)ち合(あ)わせ / 伊藤(いとう) / 急(いそ)ぐ / 間(ま)に 合(あ)う

Basic Pattern

6

나이가 어떻게 되세요?

A : いま おいくつですか。

B : 27才です

A : 나이가 어떻게 되세요?

B : 27세입니다.

➤ 나이를 물어왔을 때 ～才를 붙여「～才です」라고도 대답하지만 「27です」와 같이 숫자만을 말해도「27세입니다」라는 말이 됩니다.

❶ ご両親は おいくつですか。

부모님은 연세가 어떻게 되세요?

❷ 何年 生まれですか。

몇 년 생이세요?

❸ 今年 ４２に なります。

올해 마흔 둘입니다.

❹ 20才です。

20세입니다.

❺ わたしは １９７４年 生まれです。

저는 1974년생입니다.

연습

A : 失礼^{しつれい}ですが、＿＿＿＿＿＿＿。

B : 27才^{さい}です。伊藤^{いとう}さんは。

A : わたしは 31才^{さい}です。

B : お若^{わか}く 見^みえますね。

해석

A : *실례지만, 나이가 어떻게 되세요?*

B : *27살입니다. 이토오 씨는요?*

A : *저는 31살입니다.*

B : *젊어보이시네요.*

알아두기

▶ 띠에 대해서 알아볼까요? 「무슨 띠세요?」라고 하는 말은 「何年(なにどし)うまれですか」입니다. 대답할 때는 동물의 이름을 넣어 「わたしは トラどしうまれです(저는 호랑이 띠입니다)」의 식으로 말하면 됩니다.

▶ 이런 말도 있어요.

20대 초반	20대 중반	20대 후반
20代(だい)のはじめ	20代(だい)なかば	20代(だい)のおわり

＊ 우리나라와 달리 일본에서는 나이를 말할 때 「만 ～세」를 사용합니다.

한자읽기 27才(にじゅうななさい) /両親(りょうしん) /何年(なんねん) / 生(う)まれる /今年(ことし) /42(よんじゅうに) /20才(はたち) /1974年(せんきゅうひゃくななじゅうよねん) /失礼(しつれい) /伊藤(いとう) /31才(さんじゅういっさい) /若(わか)い /見(み)える

Basic Pattern

7

몇 살 차이가 나세요?

A : いもうととは いくつ 離れて います
すか。

B : わたしが 二つ上です。

A : 여동생과는 몇 살 차이가 나나요?

B : 제가 2살 위입니다.

➡ 「몇 살 차이가 나세요?」라는 말로 「いくつ 違(ちが)いですか」도 있습니다.

❶ 鈴木さんの ほうが 年上です。

스즈끼씨가 위입니다.

❷ わたしの ほうが 年下です。

제가 아래입니다.

❸ 同い年です。

동갑입니다.

❹ 3才上です。

3살 위입니다.

❺ わたしよりも 2年上の 先輩です。

저보다 2살 많은 선배입니다.

연습

A : 雪子さんは 一番上の お子さん
  ですか。

B : はい、そうです。

A : すぐ 下の いもうとさんとは

  ＿＿＿＿＿＿＿＿＿＿＿＿。

B : わたしが 二つ上です。

해석

A : 유끼꼬씨는 첫째세
  요?

B : 네, 그렇습니다.

A : 바로 아래 여동생과
  는 몇 살 차이가 나
  나요?

B : 제가 2살 위입니다.

 **알아두기**

▶ 현대일어에서 상대방을 부를 때 「あなた」는 잘 사용되지 않습니다. 손윗사람은 물론 손아랫사람이나 동년배에게라도 쓰면 실례가 되는 수가 있어 대부분 생략되어 사용되고 있습니다. 가능하다면 성이나 직함을 알아두어서 그대로 부르거나 그 뒤에 「～さん」을 붙여 「～씨」하는 편이 훨씬 자연스럽습니다.

> **한자읽기** 離(はな)れる / 二(ふた)つ上(うえ) / 鈴木(すずき) / 年上(としうえ) / 年下(としした) / 同(おな)い年(どし) / 3才上(さんさいうえ) / 2年上(にねんうえ) / 先輩(せんぱい) / 雪子(ゆきこ) / 一番上(いちばんうえ)

ラーメン(라면)

　우리나라에도 이제 일본식 라면전문점들이 많이 들어
서 있습니다. 많은 분들이 알겠지만 일본의 라면은 우
리나라의 라면과 다릅니다. 돼지뼈 삶은 국물에 따로 삶
아올린 면을 넣고 숙주나물이나 파 등을 얹어 먹는데 우
리에게는 일본라면의 맵지 않은 국물과 쫄깃쫄깃한 생
면발이 생소하게 느껴집니다. 또 가게마다 수십 년을 이
어져 오는 제조비법이 맥을 잇고 있어 일본에서는 라면
한 그릇을 먹기 위해 줄을 서서 기다리는 손님들을 볼
수 있습니다. 가격도 500엔부터 자그마치 7500엔짜리까
지 천차만별입니다. 옛 거리와 라면가게들은 재현시켜
놓고 과거에서부터 현대에 이르는 라면들을 전시해 놓
은 일본의 '라면박물관'은 라면에 대한 일본인들의 애
정을 잘 보여주고 있습니다.

가족

5

Basic Pattern

1

가족이 몇 분이세요?

난 닝　가 조꾸 데 스 까
A : 何人 家族ですか。

와 따 시 와　요 닝 가 조꾸 데 스
B : わたしは 4人家族です。

A : 가족이 몇 분이세요?

B : 저는 가족이 넷입니다.

→ 가족의 수를 묻는 말은 위의 예문 외에도 「ご家族(かぞく)[ご兄弟(きょうだい)]は 何人(なんにん)ですか(가족[형제]는 몇 분이세요?)」의 형태로 말할 수 있습니다. 대답을 할 때도 「〜人家族です」하지 않고 간단하게 「〜人です」라고 할 수 있습니다.

쿄 - 다이 노　나카 데　남 밤 메 데 스 까
❶ 兄弟の 中で 何番目ですか。

형제 중에 몇 번째입니까?

와 따 시 와　쵸 - 난 쵸 - 죠 데 스
❷ わたしは 長男[長女]です。

저는 장남[장녀]입니다.

지 난 지 죠 데 스
❸ 次男[次女]です。　차남[차녀]입니다.

스엑 코 데 스
❹ 末っ子です。　막내입니다.

히토릭 코 데 스
❺ 一人っ子です。　외동입니다.

연습 | 해석

A : 金さんは 何人（なんにん） 家族（かぞく）ですか。

B : ＿＿＿＿＿＿＿。両親（りょうしん）と あねが 一人（ひとり） います。

A : おねえさんも 学生（がくせい）ですか。

B : いいえ、あねは 会社（かいしゃ）に つとめて います。

알아두기

▶ **ある / いる**

한국어에서는 존재의 표현에 있어 「있다」라는 한마디로 모든 것이 표현되지만 일본어는 생물에는 「いる」, 무생물에는 「ある」를 사용합니다. 그런데 생물의 경우라도 그것이

① 소유를 나타내거나

② 옛날에 존재했던 인물

③ 상품 따위로 취급되는 경우에는 「ある」를 사용합니다.

한자읽기 4人家族(よにんかぞく) / 兄弟(きょうだい) / 長男(ちょうなん) / 長女(ちょうじょ) / 次男(じなん) / 次女(じじょ) / 末(すえ)っ子(こ) / 一人(ひとり)っ子(こ) / 両親(りょうしん) / 学生(がくせい) / 会社(かいしゃ)

2
자제분이 몇이세요?

A : 子供さんは なんにんですか。
　　고 도모 상 와 난 닌 데 스 까

B : 二人です。高橋さんの ところは。
　　후따리 데 스　다카하시 상 노 토 코 로 와

A : 자제분이 몇이세요?

B : 2명입니다. 다카하시씨는요?

➡ 「～さんの ところは(~씨의 경우는요?)」에서 ところ는 장소를 나타내는 말이 아니라 상대방의 경우를 묻는 말로 쓰였습니다.

관련표현

❶ お子さんは いらっしゃいますか。
　오 코 상 와 이 랏 샤 이 마 스 까

　자제분은 있으신가요?

❷ 息子さんですか、娘さんですか。
　무스코 산 데 스 까 무스메 산 데 스 까

　아드님이세요, 따님이세요?

❸ 息子[娘]です。
　무스 코 무스메 데 스

　아들[딸]입니다.

❹ 三人とも 娘です。
　산 닌 토 모 무스메데 스

　셋 다 딸입니다.

❺ 上が 男の子で、下が 女の子です。
　우에 가 오토코노 코 데　시타 가　온나 노 코 데 스

　큰애가 아들이고, 작은애가 딸이에요.

연습

A : ＿＿＿＿＿＿＿＿＿＿。

B : <ruby>二人<rt>ふたり</rt></ruby>です。<ruby>高橋<rt>たかはし</rt></ruby>さんの ところは。

A : わたしも <ruby>二人<rt>ふたり</rt></ruby>です。金さんの お<ruby>子<rt>こ</rt></ruby>さんは <ruby>小学生<rt>しょうがくせい</rt></ruby>ですか。

B : はい、そうです。

알아두기

호칭	나의 가족	남의 가족
남편	主人(しゅじん)	ご主人(しゅじん)
아내	妻(つま)	奥(おく)さん
아버지	父(ちち)	お父(とう)さん
어머니	母(はは)	お母(かあ)さん
오빠·형	兄(あに)	お兄(にい)さん
언니·누나	姉(あね)	お姉(ねえ)さん
여동생	妹(いもうと)	妹(いもうと)さん
남동생	弟(おとうと)	弟(おとうと)さん

한자읽기 子供(こども) / 高橋(たかはし) / 子(こ) / 息子(むすこ) / 娘(むすめ) / 男(おとこ)の子(こ) / 女(おんな)の子(こ) / 小学生(しょうがくせい)

Basic Pattern

3
결혼하셨어요?

> 스즈 키 상 와 게ㄱ 콘 시 떼 이 마 스 까
> A : 鈴木さんは 結婚して いますか。
> 이- 에 마 다 시 떼 이 마 셍
> B : いいえ、まだ して いません。
>
> A : 스즈끼씨는 결혼하셨어요?
> B : 아직 안했습니다.

→ 「결혼하셨어요?」라고 물을 때 한국식 어법으로 「結婚しましたか」
라고 하지 않고 「結婚していますか」라고 하는 데 주의해야 합니
다.

히토리 구 라 시 데 스
❶ 一人ぐらしです。
혼자 삽니다.

마 다 도꾸 신 데 스
❷ まだ 独身です。
아직 독신입니다.

츠마 토 후타리 구 라 시 데 스
❸ 妻と 二人ぐらしです。
부인과 둘이 삽니다.

게ㄱ 콘 시 떼 도 노 쿠 라 이 니 나 리 마 스 까
❹ 結婚して どのくらいに なりますか。
결혼한 지 얼마나 되셨어요?

오 후타리 와 이 쯔 도 노 요- 니 시 리 앗 따 노 데 스 까
❺ お二人は いつ どのように 知り合ったのですか。
두 분은 언제 어떻게 알게 되셨어요?

5
가
족

연습

A : 鈴木さんは 結婚なさって いるの
　　ですか。

B : はい、去年 結婚した ばかりなん
　　です。金さんは。

A : わたしは ＿＿＿＿＿＿＿＿＿。

해석

A : 스즈키씨는 결혼하
셨어요?

B : 네, 작년에 막 결혼
했어요. 김씨는요?

A : 저는 <u>아직 안했어요.</u>

알아두기

▶ 「사귀고 있는 사람 있으세요?」라는 표현은 「付(つ)き合(あ)って
いる 方(かた)は いらっしゃいますか」라고 합니다. 「付き合う」는
남녀간에 교제하다는 의미도 있지만 「(가는 길이 같은 방향이라)
동행하다」는 의미도 있습니다. 멋진 일본남성이 「付き合いましょ
う(같이 가죠)」라고 말하며 따라온다고 해서 얼굴 붉히는 일이
없도록!

▶ 일본어로 연애는 「恋愛(れんあい)」, 중매는 「見合(みあ)い」입니
다. 「연애결혼하셨어요, 중매결혼하셨어요?」라고 묻는 말은 「恋
愛結婚ですか、見合い結婚ですか」라고 하면 됩니다.

한자읽기 結婚(けっこん) / 独身(どくしん) / 知(し)り合(あ)う / 偶然(ぐうぜん)

Basic Pattern

4
맞벌이하세요?

다카하시 산 노 오타쿠 와 토모바타라 끼 데 스 까
A：高橋さんの お宅は 共働きですか。

하 이 소- 데 스
B：はい、そうです。

A : 다카하시씨 댁은 맞벌이하십니까?
B : 네, 그렇습니다.

➜ 「맞벌이」라는 말은 「共働き」 외에도 「共稼(ともかせ)ぎ」라는 말
이 있습니다.

옥 상 와 시 고토오 시 떼 이 마스 까
❶ 奥さんは 仕事を して いますか。

부인되시는 분은 일을 하십니까?

파 - 토 타이 무데 스 께 도 시 떼 이 마 스
❷ パートタイムですけど、して います。

파트타임이긴 합니다만 하고 있습니다.

니 혼 데 와 토모바타라 키 노 카 타 가 오-이데스 까
❸ 日本では 共働きの かたが 多いですか。

일본에는 맞벌이하는 분이 많습니까?

토모바타라 키 가 후 에 떼 이 마 스
❹ 共働きが ふえて います。

맞벌이가 늘고 있습니다.

쇼꾸 지 노 시 타쿠와 와 따 시 가 시 마 스
❺ 食事の支度は わたしが します。

식사 준비는 제가 합니다.

연습

A : 高橋さんの お宅は ________。

B : はい、そうです。

A : 食事の 支度は どちらが します
か。

B : 先に 帰った ほうが します。

해석

A : 다카하시댁은 <u>맞벌이인가요?</u>

B : 네, 그렇습니다.

A : 식사 준비는 어느 쪽이 합니까?

B : 먼저 돌아온 쪽이 합니다.

5
가
족

알아두기

▶ 상대방의 말을 시인할 때 「그렇습니다」의 의미로 「そうです」라고
합니다. 반대로 「그렇지 않습니다」라고 할 때는 「そうでは ありま
せん」이라고 합니다.

한자읽기 高橋(たかはし) / お宅(たく) / 共働(ともばたら)き / 奥(おく)さん / 仕事
(しごと) / 日本(にほん) / 多(おお)い / 食事(しょくじ) / 支度(したく) / 先
(さき) / 帰(かえ)る

Basic Pattern 5

당신 옆에 있는 사람은 누구입니까?

A : 金さんの となりに いる ひとは
だれですか。
B : いもうとです。

A : 김씨 옆에 있는 사람은 누구입니까?
B : 여동생입니다.

→ となり와 よこ는 둘 다 옆이라는 뜻을 가지고 있어 그 차이점을
구별하기가 쉽지 않지만 알고 보면 다음과 같은 규칙이 있습니다.
· 같은 종류들이 나열되어 있는 상태에서 「옆」→ となり
· 다른 여러 개체가 나열되어 있는 상태에서 「옆」→ よこ

관련표현

❶ これは うちの 家族の 写真です。

이것은 우리집 가족 사진입니다.

❷ 後は わたしの 兄弟です。

뒤편은 제 형제들입니다.

❸ 左側は 兄です。

왼쪽은 형입니다.

❹ まんなかは 父です。

한가운데는 아버지입니다.

연습

A : <ruby>家族<rt>か ぞく</rt></ruby>の<ruby>写真<rt>しゃしん</rt></ruby>を みせて ください。

B : <ruby>家族<rt>か ぞく</rt></ruby>の<ruby>写真<rt>しゃしん</rt></ruby>は これしか ありません。

A : 金さんの ＿＿＿＿＿＿＿＿＿。

B : いもうとです。

 알아두기

▶ 「～しか ありません」하게 되면 「～밖에 없습니다」라는 말이 됩니다. 같은 의미의 말로는 「だけ」를 들 수 있는데 「だけ」는 「～だけです」형태의 문형을 취하며 「～뿐입니다」라는 뜻이 됩니다.

- これしか ありません (이것밖에 없습니다)
- これだけです (이것뿐입니다)

한자읽기 写真(しゃしん) / 後(うしろ) / 左側(ひだりがわ) / 2年前(にねんまえ) / 名前(なまえ) / 自己紹介(じこしょうかい) / 遅(おそ)い

結婚式(결혼식)

　우리나라의 결혼식 풍경에서는 전단지 돌리듯 뿌려대는 청첩장과 북적이는 많은 하객들, 피로연의 어수선한 분위기를 빼놓을 수 없을 겁니다. 또한 안면만 있던 사람에게서 난데없이 청첩장을 받고는 가야 하나 말아야 하나, 혹은 축의금을 얼마를 넣어야 하나를 놓고 고민을 하는데 이런 모습이 일본인들에게는 상당히 낯설게 비쳐질 수 있습니다.

　일본인들은 결혼식에 자신과 직접 관계가 없는 사람들을 초대하는 일도 드물고 또한 초대를 받았다면 자신의 참석여부를 미리 통보해 주는 것이 예의이기 때문입니다. 그리고 결혼식에 참석할 때에는 검은색 정장을 하는 것이 보통입니다.

제 6 장

일상생활

1. 매일 몇 시 정도에 집을 나오세요?
2. 늦어도 5시에는 끝나요.
3. 학교는 어떻게 가요?
4. 언제까지 계약해야 하나요?
5. 집세는 얼마인가요?
6. 집이 몇 평이지요?
7. 오늘은 날씨가 좋군요.
8. 일기예보에 의하면 내일도 비온다고 합니다.

Basic Pattern

1

매일 몇 시 정도에 집을 나오세요?

> A : 毎日 何時ごろ 家を でますか。
> B : たいてい 8時ごろ 家を でます。
>
> A : 매일 몇 시 정도에 집을 나오세요?
> B : 보통 8시 정도에 집을 나옵니다.

➡ 「ころ」와 「くらい」는 우리말로는 둘 다 「~정도」이지만 쓰임에서 약간의 차이를 갖고 있습니다. 「ころ」는 때를, 「くらい」는 시간의 길이를 표현합니다. 「ころ」에 탁음이 붙어 「ごろ」가 되는 것은 규칙에 의한다기보다는 발음상의 편의를 위한 것입니다.

❶ 交通渋滞が ひどく なりました。

교통체증이 심해졌습니다.

❷ こんで いる 時は 1時間半も かかります。

막힐 때는 1시간 반도 걸립니다.

❸ 通勤だけでも 疲れちゃいます。

통근만으로도 지칩니다.

❹ 何回 乗り換えますか。

몇 번 갈아타십니까?

❺ いまは もう なれました。

지금은 익숙해졌어요.

연습

A : 佐藤さんは 毎日 何時ごろ 家を
　　でますか。

B : ＿＿＿＿＿＿＿＿＿＿＿＿＿。

A : 学校は 家から 遠いですか。

B : 約 1時間半ぐらい かかります。

해석

A : 사토오씨는 매일 몇 시 정도에 집을 나오세요?

B : 보통 8시 정도 집을 나옵니다.

A : 학교는 집에서 먼가요?

B : 약 한 시간 반 정도 걸립니다.

알아두기

▶ 우리말의 「러시아워」는 말 그대로 「ラッシュアワー」입니다. 「콩나물시루 버스」는 일본말로 「초밥의 밥처럼 승객을 꽉 채운 버스」란 뜻의 「すしづめの バス」입니다. 재미있지요?

| 한자읽기 | 毎日(まいにち) / 何時(なんじ) / 家(いえ) / 8時(はちじ) / 交通(こうつう) / 渋滞(じゅうたい) / 1時間半(いちじかんはん) / 通勤(つうきん) / 疲(つ)かれる / 何回(なんかい) / 乗(の)り換(か)える / 遠(とお)い / 約(やく) |

Basic Pattern

2

늦어도 5시에는 끝나요.

쥬 교- 아 리 마 스 까
A : 授業、ありますか。

이- 에 쥬 교- 와 오 소 쿠 토 모 고 지
B : いいえ、授業は おそくとも 5時

니 와 오 와 리 마 스 요
　　 には おわりますよ。

A : 수업 있어요?

B : 아니오, 수업은 늦어도 5시에는 끝나요.

→ 「おそくとも」 하게 되면 「늦어도」라는 뜻입니다. 「적어도」라는 말을 하려면 「すくない＋とも」가 되어 「すくなくとも」라고 하면 됩니다.

쥬 교- 와 마 이 니 찌 쿠 지 니 하 지 마 리 마 스
❶ 授業は 毎日 9時に 始まります。

수업은 매일 9시에 시작됩니다.

난 지 고 로 니 카 이 샤 니 츠 끼 마 스 까
❷ 何時ごろに 会社に 着きますか。

몇 시 정도에 회사에 도착합니까?

난 지 까 라 난 지 마 데 킴 무 사 레 마 스 까
❸ 何時から 何時まで 勤務されますか。

몇 시부터 몇 시까지 근무하십니까?

킴 무 와 쿠 지 니 하 지 마 리 고 지 한 니 오 와 리 마 스
❹ 勤務は 9時に 始まり、5時半に 終わります。

근무는 9시에 시작되어, 5시 반에 끝납니다.

연습

A : ＿＿＿＿＿＿＿＿＿＿。

B : いいえ、授業（じゅぎょう）は おそくとも 5時（じ）には 終（お）わりますよ。

A : 今（いま）6時（じ）でしょう。なぜ この じかんに…。

B : 図書館（としょかん）で 少（すこ）し 勉強（べんきょう）を しようと 思（おも）って。

해석

A : 수업 있습니까?

B : 아니오, 수업은 늦어도 5시에는 끝나요.

A : 지금 6시잖아요. 왜 이시간에….

B : 도서관에서 공부를 좀 하려구요.

 알아두기

▶ 「～でしょう」는 「～だろう」의 회화체라고 할 수 있습니다. 동의를 구한다거나 말을 좀더 부드럽게 할 때 많이 사용되며 동의를 구할 때 쓰이는 경우는 억양이 위로 올라갑니다.

  A : 今日は あついでしょう。↗(오늘 덥죠)

  B : ええ、ほんとうに。(네, 정말 그렇네요)

> 한자읽기　始(はじ)まる / 着(つ)く / 勤務(きんむ) / 終(お)わる / 図書館(としょか
> ん) / 少(すこ)し

Basic Pattern **3**

학교는 어떻게 가요?

A : 学校まで どのように 来られますか。

B : バスにも 乗り、地下鉄にも 乗ります。

A : 학교까지 어떻게 오십니까?

B : 버스도 타고, 지하철도 탑니다.

➡ 「～も」는 우리말의 「～도」에 해당하여 같은 종류의 것이 그밖에 또 있음을 나타내며 경우에 따라서는 강조를 할 때도 사용됩니다.

관련표현

❶ 父の 運転する 車で 行くんです。

아버지가 운전하시는 차로 갑니다.

❷ 学校まで 電車で 行きます。 학교까지 전철로 갑니다.

❸ わたしは マイカー通勤です。

저는 자가용으로 통근합니다.

❹ わたしは 地下鉄です。 저는 지하철로 다닙니다.

❺ 家から 学校まで タクシーで 行きます。

집에서 학교까지 택시로 갑니다.

연습

A : 学校は 家から 遠いですか。

B : ええ。

A : 学校まで どの ように 来られますか。

B : ＿＿＿＿＿＿＿＿＿＿＿＿＿＿。

해석

A : 학교가 집에서 멀어요?

B : 네.

A : 학교까지 어떻게 오십니까?

B : <u>버스도 타고, 지하철도 탑니다.</u>

알아두기

▶ 「〜から …まで」는 시간·장소를 나타내는 단어에 붙어 일정한 범위를 나타냅니다. 우리말의 「〜부터 …까지」에 해당합니다.

한자읽기 父(ちち) / 学校(がっこう) / 乗(の)る / 地下鉄(ちかてつ) / 運転(うんてん) / 車(くるま) / 行(い) く / 電車(でんしゃ) / 通勤(つうきん)

Basic Pattern 4

언제까지 계약해야 하나요?

A : いつまでに 決めなければ なりま せんか。

B : できるだけ はやく おねがい します。

A : 언제까지 결정해야 하나요?
B : 가능한 한 빨리 부탁드립니다.

➡ 「〜なければ なりません」은 직역하면 「〜하지 않으면 안된다」의 뜻으로 「〜해야만 한다」는 의무를 나타냅니다.

관련표현

❶ 契約する ことに します。
계약하겠습니다.

❷ 今日中に ご連絡 します。
오늘중으로 연락드리겠습니다.

❸ 日当りは どうですか。
채광은 어때요?

❹ 南向きですから いいと おもいますよ。
남향이라 좋을 것입니다.

❺ やすいなら 借りたいです。
싸다면 빌리고 싶습니다.

연습

A : 家賃が ちょっと 高いですね。

B : その かわり 家具などは 全部 ついて います。

A : ＿＿＿＿＿＿＿＿＿＿＿＿＿＿＿。

B : できるだけ はやく、おねがい します。

해석

A : 집세가 좀 비싸네요.

B : 그 대신 가구 같은 것은 전부 갖춰져 있잖아요.

A : 언제까지 결정해야 하지요?

B : 가능한 한 빨리 부탁 드립니다.

 **알아두기**

▶ 「〜まで」와 「〜までに」는 한국말로는 다같이 「〜까지」의 뜻이지만 기한을 나타내는 경우에는 「までに」를 사용합니다.

▶ 「〜が ついて いる」하게 되면 「〜가 딸려 있다」라는 뜻입니다. 「バス・トイレ付(つ)き(욕실・화장실이 갖춰져 있음)」라는 말도 잘 쓰이며 정원이 딸려 있는 것은 「庭(にわ)つき」, 목욕탕이 딸려 있는 것은 「風呂(ふろ)つき」입니다.

한자읽기 契約(けいやく) / 今日中(きょうじゅう) / 連絡(れんらく) / 日当(ひあた)り / 南向(みなみむ)き / 借(か)りる / 家賃(やちん) / 高(たか)い / 家具(かぐ) / 全部(ぜんぶ)

Basic Pattern 5

집세는 얼마인가요?

야 칭 와 이 쿠 라 데 스 까
A : 家賃は いくらですか。

마이쯔끼 니쮸- 망 엔 즈 쯔 데 스
B : 毎月 20万円ずつです。

A : 집세는 얼마입니까?
B : 매월 20만 엔입니다.

➡ 「家賃(집세)」는 월세를 뜻하는 말입니다. 일본은 우리나라와 달리 전세의 개념이 없습니다.

관련표현

와 따 시 와 샤 타 쿠 니 슨 데 이 마 스
❶ わたしは 社宅に 住んで います。

저는 사택에 살고 있습니다.

와 따 시 노 토 코 로 와 카 시 아 파 - 토 데 스
❷ わたしのところは 貸しアパートです。

제가 살고 있는 곳은 임대아파트입니다.

만 숀 니 슨 데 이 마 스
❸ マンションに 住んで います。

맨션에 살고 있습니다.

만 숀 와 모 찌 이에 데 스 까
❹ マンションは 持ち家ですか。

맨션은 자기 집입니까?

샤꾸 야 데 스
❺ 借家です。

셋집입니다.

연습

A : 家賃（やちん）は いくらですか。

B : ＿＿＿＿＿＿＿＿＿＿。

A : ほんとうに 高（たか）いですね。

B : 小野（おの）さんの ほうは どうですか。

6

일
상
생
활

한자읽기　家賃（やちん）/ 毎月（まいつき）/ 社宅（しゃたく）/ 住（す）む / 貸（か）す /
　　　　　持（も）ち家（いえ）/ 借家（しゃくや）/ 小野（おの）

6

집이 몇 평이지요?

이에 노　히로 사 와　도 레 구 라 이 데 스 까
A：家の 広さは どれぐらいですか。

로꾸쥬－헤이 호－　　메－ 토 루 구 라 이 데 스
B：60平方 メートルぐらいです。

A : 집은 어느 정도 넓어요?
B : 60평방 미터 정도 됩니다.

➡ 「広(ひろ)さ(넓이)」는 「広い(넓다)」가 파생된 말입니다. 「重(お
も)い」는 「重さ(무게)」, 「高(たか)い」는 「高さ(높이)」가 되겠지
요.

이에 와　아 마 리　오－끼 꾸　나 이 데 스
❶ 家は あまり 大きく ないです。

집은 그다지 크지 않습니다.

오 스 마 이 와　　익꼬 다떼 데 스 까
❷ お住まいは 一戸建ですか。

댁은 단독주택입니까?

니 까이 다 떼 데 스
❸ 二階建てです。

2층집입니다.

낭 가이 데 스 까
❹ 何階ですか。

몇 층입니까?

낭 헤 야　아 리 마 스 까
❺ 何部屋 ありますか。

방이 몇 개 있습니까?

연습

A : 高橋(たかはし)さんの 家(いえ)は どれぐらいの 広(ひろ)さですか。

B : _______________。部屋(へや)が 二(ふた)つ で、台所(だいどころ)と 風呂場(ふろば)、そして 居間(いま) が あります。

A : マンションは 自分(じぶん)の ものです か。

B : はい。そうです。

A : 다카하시씨 댁은 집 이 몇 평이에요?

B : 60평방 미터 정도 됩 니다. 방 두 개에 부 엌과 욕실, 그리고 거 실이 있습니다.

A : 맨션은 자기 집인가 요?

B : 네, 그렇습니다.

알아두기

▶ 집 평수를 말할 때 주택광고는 보통 ㎡를 쓰지만 실생활에서는 「坪(つぼ)」, 방은 「畳(じょう)」가 많이 쓰입니다.

한자읽기 広(ひろ)さ / 平方(へいほう)) / 大(おお)きい / 住(す)まい / 一戸建(いっ こだて) / 二階建(にかいだ)て / 何階(なんがい) / 何部屋(なんへや) / 台所 (だいどころ) / 風呂場(ふろば) / 居間(いま) / 自分(じぶん)

Basic Pattern

7

오늘은 날씨가 좋군요.

A : 今日は いい 天気ですね。
B : そうですね。

A : 오늘은 날씨가 좋군요.
B : 그렇네요.

➡ 「ね」는 말의 끝에 붙어 가벼운 감탄·주장·동의를 구하는 기분을 나타냅니다. 약간 끝을 늘여 상승악센트로 발음하며 상대방에게 동의를 구하거나 어떤 사실을 확인하고 싶을 때 사용합니다.

관련표현

❶ むしあついです。

무덥습니다.

❷ 今日は さむいじゃないですか。

오늘 춥지 않습니까?

❸ さむいどころか、あついくらいです。

춥기는 커녕 더울 정도입니다.

❹ 今朝は 曇って いました。

오늘 아침은 흐렸습니다.

❺ 風が 強く なりました。

바람이 세졌습니다.

연습

A : ＿＿＿＿＿＿＿＿＿。

B : そうですね。

A : 昨日（きのう）も いい 天気（てんき）でしたね。

B : ええ、でも 今日（きょう）の ほうが 昨日（きのう）
より 暖（あたた）かいですよ。

해석
A : 오늘은 날씨가 좋군요.
B : 그렇네요.
A : 어제도 날씨가 좋았지요.
B : 네, 그래도 오늘이 어제보다 따뜻해요.

알아두기

▶ 우리말의 「날씨가 춥다[덥다]」의 표현은 날씨라는 말을 붙이지 않고 그냥 「さむい / あつい」라고 하며 「날씨가 좋다 / 날씨가 나쁘다」는 말을 할 경우 「天気が いい / 天気が わるい」로 씁니다. 「天気が さむい / 天気が あつい」 등으로는 쓰지 않습니다.

한자읽기 今日（きょう）/ 天気（てんき）/ 今朝（けさ）/ 曇（くも）る / 風（かぜ）/ 強（つよ）い / 昨日（きのう）/ 暖（あたた）かい

Basic Pattern 8

일기예보에 의하면 내일도 비온다고 합니다.

A : 天気予報に よると 明日も 雨だ
そうです。
B : そうですか。

A : 일기예보에 의하면 내일도 비라고 합니다.
B : 그래요?

→ 「～に よると」는 객관적인 사실을 전달할 때 뒤에 「…そうだ」를 취하여 「～에 의하면 …라고 한다」의 뜻을 가집니다.

관련표현

❶ 天気予報は どうですか。
일기예보는 어때요?

❷ 今日は 晴れるそうです。
오늘은 맑다고 합니다.

❸ 今日は 曇りだそうです。
오늘은 흐리다고 합니다.

❹ 晴れのち曇りです。
맑은 뒤 흐립니다.

❺ 明日は 雪だそうです。
내일은 눈이 온다고 했습니다.

연습

A : 雨<ruby>あめ</ruby>は まだ 降<ruby>ふ</ruby>って いますか。

B : ええ、まだ やまらないらしいです。

A : 天気予報<ruby>てんきよほう</ruby>に よると ＿＿＿＿＿＿

＿＿＿＿＿＿＿。

B : そうですか。

해석

A : 비가 아직도 내리고 있습니까?

B : 네, 아직 그치지 않은 것 같아요.

A : 일기예보에 의하면 내일도 비가 온답니다.

B : 그래요?

알아두기

▶ 화창한 날씨가 매일같이 계속되는 경우 일본어로는 「天気が 続(つづ)く」를 써서 「お天気が 続(つづ)いて います」라고 합니다. 마찬가지로 「비가 일주일이나 계속되고 있어요」라고 한다면 「雨が 一週間(いっしゅうかん)も 続(つづ)いて います」라고 하면 됩니다.

한자읽기 天気予報(てんきよほう) / 明日(あした) / 雨(あめ) / 今日(きょう) / 晴(は)れる / 曇(くも)り / 雪(ゆき) / 降(ふ)る

95

お祝い・お香典(축의금 · 조의금)

　일본에도 우리나라처럼 경조사 때 봉투에 현금을 넣어 줌으로써 기쁨과 슬픔을 함께 하려는 풍습이 있습니다. 결혼식 등의 축의금은 'お祝(いわ)い', 장례식 등의 조의금은 'お香典(こうでん)'이라고 합니다. 특이할 만한 것은 축의금에는 새 돈, 조의금에는 헌 돈을 넣어야 한다는 것입니다.

　액수는 친구 정도인 경우 축의금은 2~3만 엔, 조의금의 경우 5천 엔 정도이며 가까운 친척인 경우에는 축의금으로 10만 엔, 조의금으로 만 엔 정도 건넵니다. 기쁜 일이든 슬픈 일이든 무조건 많이 알리고 보려는 우리나라 사람들과는 달리 친지나 가깝게 지내는 사이에만 알리는 정도입니다.

여가 · 취미

Basic Pattern　*1*

한가한 날에는 뭘 하세요?

히 마 나　히 와　나 니 오　시 마 스 까
A : ひまな 日は なにを しますか。

비 데 오 오　요 꾸　미 마 스
B : ビデオを よく 見ます。

A : 한가한 날에는 뭘 하세요?

B : 비디오를 자주 봅니다.

➡ 위 문장에서 쓰인 よく는 「자주」라는 빈도를 나타내는 뜻으로 쓰인 것입니다.

관련표현

슈- 마쯔 와　도 노 요- 니　스 고 사 레 마 스 까
❶ 週末は どのように すごされますか。

　주말은 어떻게 보내세요?

도 라 이 브 니　이 키 마 스
❷ ドライブに 行きます。

　드라이브하러 갑니다.

니치요- 비 고 토 니　이 키 마 스
❸ 日曜日ごとに 行きます。

　일요일마다 갑니다.

잇 슈- 칸 니　상 카이 쿠 라 이　시 마 스
❹ 一週間に ３回くらい します。

　일주일에 세 번 정도 합니다.

히루 네 오　시 마 스
❺ 昼寝を します。

　낮잠을 잡니다.

연습

A : ＿＿＿＿＿＿＿＿＿＿＿＿＿。

B : 本（ほん）も 読（よ）み、音楽（おんがく）も 聞（き）きます。鈴木（すずき）さんは。

A : わたしは ビデオを よく 見（み）ます。

해석

A : *한가한 날에는 무엇을 합니까?*

B : *책도 보고, 음악도 듣습니다. 스즈끼씨는요?*

A : *저는 비디오를 자주 봅니다.*

알아두기

▶ 「스트레스가 쌓이다, 피로가 쌓이다」는 「ストレスが たまる / つかれが たまる」라고 하며, 반대로 「피로가 가시다」라는 말은 「つかれが とれる」라고 합니다.

· ストレスが たまった 時（とき）には お風呂に 入（はい）ります。
（스트레스가 쌓일 때면 목욕을 합니다）

· お風呂に 入ると つかれが とれます。
（목욕을 하면 피로가 풀립니다）

한자읽기 日（ひ）/ 見（み）る / 週末（しゅうまつ）/ 行（い）く / 日曜日（にちようび）/ 一週間（いっしゅうかん）/ 3回（さんかい）/ 昼寝（ひるね）/ 本（ほん）/ 読（よ）む / 音楽（おんがく）/ 聞（き）く

Basic Pattern 2

취미가 뭐에요?

오-야마 산 노 슈미와 난 데 스 까
A : 大山さんの 趣味は なんですか。

야마노보리 데 스
B : 山登りです。

A : 오오야마씨의 취미는 뭡니까?

B : 등산입니다.

➜ 「趣味は なんですか」라는 표현 외에도 「どんな 趣味を お持(も)ちですか」를 쓸 수 있습니다.

관련표현

스 뽀- 츠와 스키데스까
❶ スポーツは すきですか。

스포츠는 좋아하세요?

와 따 시 와 야큐- 환 데 스
❷ わたしは 野球ファンです。

저는 야구 팬이에요.

와 따 시 와 쟈 즈 가 스 키 데 스
❸ わたしは ジャズが すきです。

저는 재즈를 좋아해요.

슈 미 데 쇼 도- 오 시 떼 이 마 스
❹ 趣味で 書道を して います。

취미로 서예를 하고 있어요.

사 도- 니 칸 싱 가 아 리 마 스
❺ 茶道に 関心が あります。

다도에 관심이 있습니다.

연습

A : ＿＿＿＿＿＿＿＿＿＿＿＿＿＿＿＿＿。

B : 山登^{やまのぼ}りです。

A : だれと 行^いきますか。

B : 家族連^{かぞくづ}れで 行^いきます。

알아두기

▶ 「何」는 뒤에 오는 발음에 따라 「なん」, 「なに」의 두 가지로 읽힙
니다.
① 「何」뒤에 「だ・で・と・の」 등이 오면 「なん」이 됩니다.
→ 何(なん)だ。
② 「何」뒤에 「か・が・も・を」 등이 오면 「なに」가 됩니다.
→ 何(なに)か あります。

한자읽기 大山(おおやま) / 趣味(しゅみ) / 山登(やまのぼ)り / 野球(やきゅう) / 書
道(しょどう) / 茶道(さどう) / 関心(かんしん) / 行(い)く / 家族連(かぞく
づ)れ

Basic Pattern 3

오늘밤 시간 있어요?

A：和子さん、今夜 お暇ですか。
B：ええ、あいて います。

A : 카즈코씨, 오늘밤 시간 있어요?
B : 네, 있어요.

➡ 시간이 있느냐고 물어오는 경우 거절을 하고 싶을 때는 「せっか
く ですけど…」, 「あいにくですけど 今夜は 約束(やくそく)が あ
ります」라고 하면 됩니다. 상대방의 기분을 상하게 하지 않으면
서 거절하는 말입니다.

❶ 佐藤さんは わたしの 好みでは ありません。

사토오씨는 제 취향이 아니에요.

❷ 友達に なって くれない？

친구가 되어 주지 않겠어?

❸ わたしは フィアンセが あります。

저는 약혼한 사람이 있어요.

❹ ひとめぼれ しました。

한눈에 반했어요.

연습

A : 和子（かずこ）さん、＿＿＿＿＿＿＿＿。

B : ええ、あいて います。

A : では 映画（えいが）、見（み）に 行（い）きませんか。

B : ええ、いいですよ。

해석

A : 카즈코씨, <u>오늘밤 시간 있어요?</u>

B : 네, 있어요.

A : 그럼 영화보러 가지 않을래요?

B : 네, 좋죠.

알아두기

▶ 한국에서는 어딜 가나 유머감각 있는 남자가 이상형 1순위입니다. 그런데 재미있는 것은 일본에서도 「おもしろい 人」가 인기가 있다는 사실입니다. 참고로 근사한 남자는 「いかす 男（おとこ）の ひと」, 멋장이 여자는 「おしゃれな 女（おんな）の ひと」입니다.

한자읽기 和子（かずこ） / 今夜（こんや） / 暇（ひま） / 好（この）み / 友達（ともだち） / 映画（えいが）

Basic Pattern

4
약속이 없으면 같이 어디 갈래요?

A : 約束が なければ 一緒に どこか
いきません。

B : そうしましょう。

A : 약속이 없으면 같이 어디 갈래요?
B : 그러지요.

➤ 누가 권유를 해올 때 못 이기는 척 수락하면서 하는 말은 「じゃ、
お言葉(ことば)に あまえて(그럼, 그렇게 말하니까〈그렇게 하도
록 하죠〉)」입니다.

관련표현

❶ 授業が 終わったら、お茶 飲みに 行きませんか。
수업 끝나면 차 마시러 갈래요?

❷ 雨が 降ったら 約束を 取り消しましょう。
비가 오면 약속을 취소하죠.

❸ ハイキングに 行きませんか。
하이킹 하러 갈래요?

❹ 登山に 行きましょう。
등산하러 갑시다.

❺ 映画 見に 行きましょう。 영화 보러 갑시다.

연습

A : 週末<ruby>しゅうまつ</ruby>は どんな ふうに おすごで
　　すか。

B : 朝寝坊<ruby>あさねぼう</ruby>を して、朝<ruby>あさ</ruby>ご飯<ruby>はん</ruby>を 食<ruby>た</ruby>べた
　　後<ruby>あと</ruby>、また 昼寝<ruby>ひるね</ruby>を します。

A : 雪子<ruby>ゆきこ</ruby>さん、＿＿＿＿＿＿＿＿

　　＿＿＿＿＿＿＿＿＿＿＿＿＿。

B : そうしましょう。

해석

A : 주말은 어떻게 보낼
　 겁니까?

B : 늦잠을 자고, 아침밥
　 을 먹은 다음에, 또
　 낮잠을 잘 겁니다.

A : 유키꼬씨, 약속이 없
　 으면 같이 어디 갈
　 래요?

B : 그러지요.

7
여가 · 취미

알아두기

▶ 「～ましょう」의 원형은 「ます」형으로, 권유의 표현으로 쓰고자
할 때 맨뒤에 「か」를 붙여 「～ましょうか」 하게 되면 좀더 부드
러운 표현이 됩니다. 비슷하게는 「～ませんか」가 있습니다.

- します → しましょう / しましょうか (합시다/할까요?)
- 行きます → 行きましょう / 行きましょうか (갑시다/갈까요?)

한자읽기 約束(やくそく) / 一緒(いっしょ) / 授業(じゅぎょう) / 終(おわ)る / お茶
(ちゃ) / 飲(の)む / 雨(あめ) / 降(ふ)る / 約束(やくそく) / 取(と)り消(け)
す / 登山(とざん) / 映画(えいが) / 週末(しゅうまつ) / 朝寝坊(あさねぼ
う) / ご飯(はん) / 食(た)べる / 昼寝(ひるね) / 後(あと) / 雪子(ゆきこ)

Basic Pattern

5
우에노공원은 어때요?

A : 上野公園は いかがですか。

B : ええ、そこに しましょう。

A : 우에노공원은 어때요?

B : 네, 거기로 하지요.

➡ 「いかがですか」는 「どうですか」보다 정중한 말로 상대방의 의견을 물을 때 회화상에서 많이 쓰이는 말입니다.

관련표현

❶ 一度 お会いしたくて。

한번 만나고 싶어.

❷ 一度 お目に かかりたいんですが。

한번 뵙고 싶습니다만.

❸ どんな ご用件ですか。

무슨 용건이십니까?

❹ 相談したい ことが あります。

의논드리고 싶은 일이 있습니다.

❺ いつごろが よろしいですか。

언제쯤이 좋을까요?

연습

A : 2時（じ）ごろは いかがでしょうか。

B : はい、けっこうです。

A : それじゃ 場所（ばしょ）は どこに しま
　　しょうか。

B : ＿＿＿＿＿＿＿＿＿＿＿＿＿。

A : ええ、そこに しましょう。

해석

A : 2시 정도는 어떠세요?

B : 네, 괜찮아요.

A : 그러면 장소는 어디로 할까요?

B : <u>우에노공원이 어때요?</u>

A : 네, 거기로 하죠.

알아두기

▶ けっこう

① 권유를 받은 경우 사양할 때 쓰입니다.
　・いいえ、けっこうです。(아니오, 괜찮아요)

②「훌륭한, 더할 나위 없는」이라는 뜻으로 쓰입니다.
　・こんな けっこうな ものを…、どうも ありがとう。(이런
　　훌륭한 것을…고마워요)

③「꽤, 상당히」라는 뜻으로도 쓰입니다.
　・けっこう たかいですね。(꽤 비싸네요)

한자읽기 上野公園(うえのこうえん) / 一度(いちど) / 会(あ)う / 目(め) / 用件(よ
うけん) / 相談(そうだん) / 2時(にじ) / 場所(ばしょ)

Basic Pattern

6

그다지 잘하지는 못합니다.

A : 朴さんは 水泳が できますか。

B : ええ、できますが あまり 上手で
は ありません。

A : 박씨는 수영을 할 수 있습니까?

B : 예, 할 수는 있지만 그다지 잘하지는 못합니다.

➡ 「~를 할 수 있다」는 조사 가를 취해 「~が できる」가 된다는 것
에 유의합시다.

❶ とても 上手ですね。

매우 잘하시는군요.

❷ いいえ、あまり そうでも ありません。

아니오, 그다지 그렇지도 않습니다.

❸ まだ 上手には できません。

아직 능숙하게는 못합니다.

❹ 早く 上手に なりたいです。

빨리 잘하고 싶습니다.

❺ できる ことは できるんですが…。

할 수 있기는 합니다만….

연습

A : 朴さんは ＿＿＿＿＿＿＿＿＿＿＿。

B : ええ、できますが あまり 上手(じょうず)で
は ありません。

A : いつ はじめましたか。

B : 学生時代(がくせいじだい)に はじめました。

알아두기

▶ できる는 「할 수 있다(~을 하는 것이 できる)」의 뜻으로도 쓰이
지만 「~이 생기다」라는 말로도 쓰입니다. 예를 들어, 여드름이
생기다는 「にきびが できる」, 뾰루지가 생기다는 「できものが で
きる」, 또 아이가 생기다는 「子供(こども)が できる」라고 합니다.

> 한자읽기 水泳(すいえい) / 上手(じょうず) / 早(はや)い / 学生時代(がくせいじだ
> い)

Basic Pattern 7

몇 시에 시작합니까?

A : 何時に 始まりますか。

B : 午後 3時半です。

A : 몇 시에 시작합니까?

B : 오후 3시 반입니다.

➡ 영화나 공연을 관람할 때는 시작되기 전에 착석하는 것이 기본 에티켓이지만 사정이 여의치 못해 늦을 것 같은 경우 「始(はじ)まってから 中(なか)へ 入(はい)れますか(시작하고 나서 들어갈 수 있습니까?)」라고 말할 수 있습니다.

관련표현

❶ どこで チケットを 買いますか。

어디서 표를 삽니까?

❷ いちばん 安い 席は いくらですか。

가장 싼 자리는 얼마입니까?

❸ この 格好で いけますか。

이 차림으로 갈 수 있습니까?

❹ いま どんな 映画が 上映されて いますか。

지금 어떤 영화가 상영되고 있습니까?

연습

A : 大人 2枚と 子供 1枚 くださ
い。

B : 一万円です。

A : ＿＿＿＿＿＿＿＿＿＿＿。

B : 午後 3時半です。

해석

A : 어른 두 장하고 아이
표 한 장 주십시오.

B : 만 엔입니다.

A : 몇 시에 시작합니
까?

B : 오후 3시 반입니다.

 알아두기

▶ 공연을 보러갔을 때 쓰이는 말을 알아볼까요? 「프로그램을 한 부 주세요」는 「プログラムを 一部(いちぶ) ください」, 「휴식 시간은 몇 분입니까?」는 「休憩時間(きゅうけいじかん)は 何分(なんぷん)ですか」입니다.

한자읽기 何時(なんじ) / 午後(ごご) / 3時半(さんじはん) / 買(か)う / 安(やす)い / 席(せき) / 格好(かっこう) / 映画(えいが) / 上映(じょうえい) / 大人(おとな) / 2枚(にまい) / 子供(こども) / 1枚(いちまい) / 一万円(いちまんえん)

Basic Pattern

8

정월에는 무엇을 합니까?

여가 · 취미

오 쇼- 가쯔 니 와 나 니 오 시 마 스 까
A : お正月には なにを しますか。

오 쇼- 가쯔 니 와 넹 가죠- 오 다 시 마 스
B : お正月には 年賀状を 出します。

A : 정월에는 무엇을 합니까?

B : 정월에는 연하장을 보냅니다.

➡ 일본에서는 정월이 되면 집 앞이나 가게 앞에 소나무로 만들어진 장식물인「松飾(まつかざ)り」를 세워놓고 신년을 축하하는 모습을 많이 볼 수 있습니다.

관련표현

신 넨 노 아 이 사 쯔 니 넹 가 죠- 오 다 시 마 스
❶ 新年のあいさつに 年賀状を 出します。

신년인사로 연하장을 보냅니다.

못 또 모 타이세쯔나 교- 지 데 스
❷ もっとも 大切な 行事です。

가장 중요한 행사입니다.

쿠 리 스 마 스 카- 도 노 요 - 나 모 노 데 스
❸ クリスマスカードの ような ものです。

크리스마스 카드 같은 것입니다.

고 가쯔 이쯔까 와 니 혼 데 모 고 도 모 노 히 데 스
❹ 5月5日は 日本でも 子供の日です。

5월 5일은 일본에서도 어린이날입니다.

연습

A : お正月(しょうがつ)は 日本(にほん)で すごそうと 思(おも)っ
て います。

B : お正月(しょうがつ)には なにを するんです
か。

A : お正月(しょうがつ)には ＿＿＿＿＿＿＿＿。

B : たのしそうですね。

 알아두기

▶ 일본의 주요 연중행사날을 알아볼까요?

1월 1일	元旦(がんたん)	정월 초하루
1월 15일	成人(せいじん)の日(ひ)	성인의 날
2월 3일	節分(せつぶん)	절분(입춘 전날)
5월 5일	子供(こども)の日(ひ)	어린이날
7월 7일	七夕(たなばた)	칠월칠석일

한자읽기 正月(しょうがつ) / 年賀状(ねんがじょう) / 出(だ)す / 新年(しんねん) /
大切(たいせつ) / 行事(ぎょうじ) / 5月5日(ごがついつか) / 日本(にほん)
/ 子供(こども) / 日(ひ) / 思(おも)う

相撲(스모)

　일본에서 프로야구와 더불어 가장 인기있는 스포츠가 바로 스모입니다. 거구의 씨름꾼(力士라고 불리웁니다)이 모래판에서 치루는 경기인 스모는 이미 우리에게도 위성방송을 통해 많이 알려져 있습니다.

　스모 경기는 1년에 6차례에 걸쳐 열리게 되며, 최고의 승자는 横綱(요코즈나)라는 영예로운 타이틀을 거머쥐게 됩니다. 특이한 것은 보통의 운동경기와 달리 따로 체급이 정해져 있지 않아 그 기술만큼이나 체구도 승부에 영향을 미친다고 할 수 있습니다. 그렇기 때문에 스모선수들은 기량을 닦는 것 만큼이나 체중을 불리는 데 신경을 쓰고 있습니다. 그러나 다양한 기술로서 승패를 가리기보다는 몸집으로 밀어치는데 편중된 경기를 보는 것에 식상한 일본인들의 불만도 커져 가고 있습니다.

초대 · 방문

Basic Pattern

1

모임은 언제에요?

아츠 마 리 와 이 츠 데 스 까
A : 集まりは いつですか。

고 젱 시찌지 데 스
B : 午前 7時です。

A : 모임은 언제에요?

B : 오전 7시입니다.

▶ 「~는 언제에요?」라는 말을 하고자 할 때는 いつ를 써서 「~は いつですか」라고 합니다. 「~는 몇 시부터에요?」는 「~は 何時(なんじ)からですか」라고 합니다.

난 지 니 오 아 이 시 마 쇼 - 까
❶ 何時に お会い しましょうか。

몇 시에 만날까요?

시치 지 와 이 카 가 데 스 까
❷ 7時は いかがですか。

7시는 어떠세요?

시치 지 와 쵸ㅅ 또 무 리 데 스
❸ 7時は ちょっと むりです。

7시는 좀 무리입니다.

지 칸 니 마 니 아 이 마 스
❹ 時間に 間に合います。

시간에 댈 수 있을 겁니다.

연습

A : 集<ruby>あつ</ruby>まりは いつですか。

B : ＿＿＿＿＿＿＿＿＿＿＿＿。

A : ずいぶん はやいですね。

B : ええ、遅<ruby>おく</ruby>れないで くださいね。

해석

A : 모임은 언제에요?

B : <u>오전 7시입니다.</u>

A : 꽤 이르네요.

B : 네, 늦지 말아주세요.

알아두기

▶ 「間(ま)に 合(あ)う」는 「시간에 맞추어 대다/늦지 않다」라는 말로 「ぎりぎり 間に 合います」라고 하면 「아슬아슬하게 댈 수 있을 겁니다」라는 뜻입니다. 「곧 가겠습니다」라고 하려면 「すぐ 行きます」하면 됩니다.

한자읽기 集(あつ)まり / 午前(ごぜん) / 何時(なんじ) / 会(あ)う / 7時(しちじ) / 時間(じかん) / 間(ま)に 合(あ)う / 遅(おく)れる

Basic Pattern 2

실례합니다.

고 멩 쿠 다 사 이
A : ごめんください。

아ー 아오야마 상 이 랏 샤 이
B : ああ、青山さん。いらっしゃい。

A : 실례합니다

B : 아, 아오야마씨. 어서 오세요.

➡ 「ごめんください」와 같은 말로 「失礼(しつれい)します」라는 말이 있습니다. 남의 집에 들어서면서 관용적으로 쓰이는 말입니다.

오 쟈 마 시 마 스
❶ おじゃまします。

실례합니다.

고 꼬 가 다 나카 산 노 오 타쿠 데 쇼ー 까
❷ ここが 田中さんの お宅でしょうか。

여기가 다나카씨 댁입니까?

오 마 찌 시 떼 이 마 시 타
❸ お待ちして いました。

기다렸습니다.

요 꾸 이 랏 샤 이 마 시 타
❹ よく いらっしゃいました。

잘 오셨습니다.

연습

A : ＿＿＿＿＿＿＿＿＿＿＿。

B : はい、どちらさまですか。

A : 青山です。
（あおやま）

B : ああ、青山さん。いらっしゃい。
（あおやま）

해석

A : *실례합니다.*

B : *네, 누구십니까?*

A : *아오야마입니다.*

B : *아, 아오야마씨, 어서 오세요.*

알아두기

▶ 일본에서는 다른 사람의 집에 방문했을 때 들어서면서 거의 관용적으로 「ごめんください」라고 합니다. 직역하면 「미안합니다」의 뜻이지만 상황에 비추어 한국말로 하자면 「계십니까/아무도 안 계세요?」가 됩니다.

한자읽기 青山(あおやま) / 田中(たなか) / お宅(たく) / 待(ま)つ

Basic Pattern

3

어서 들어오세요.

_{도- 조 오 아 가 리 쿠 다 사 이}
A : どうぞ お上がり ください。
_{하 이 데 와 시쯔 레- 시 마 스}
B : はい。 では、 失礼します。

A : 어서 들어오세요.
B : 네, 그럼 실례하겠습니다.

➡ 「어서 들어오세요」는 「どうぞ お上(あ)がり ください」 외에 「ど
うぞ お入(はい)り ください」라고도 할 수 있습니다.

관련표현

❶ こちらへ どうぞ。
_{고 찌 라 에 도- 조}
이리 오세요.

❷ こちらへ おかけ ください。
_{고 찌 라 에 오 카 케 쿠 다 사 이}
이리 앉으세요.

❸ くつろいで ください。
_{구 쯔 로 이 데 쿠 다 사 이}
편히 계세요.

❹ どうぞ お楽に して ください。
_{도- 조 오 라꾸 니 시 떼 쿠 다 사 이}
편히 앉으세요.

연습

A : まあ、青山さん。＿＿＿＿＿＿
＿＿＿＿。

B : はい。では、失礼します。

A : どうぞ こちらへ。

B : はい。どうも。

A : 아, 아오야마씨, <u>어서 들어오세요.</u>

B : 네, 그럼, 실례하겠습니다.

A : 이리로 오세요.

B : 네, 감사합니다.

알아두기

▶ 일본어로 「들어오세요」는 「お上(あ)がり ください」입니다. 이 말을 분석하면 「お＋上がる＋ください」로 나누어지는데, 여기서 上가る의 뜻은 「오르다」는 말입니다. 옛 일본가옥의 구조가 현관보다 실내가 솟은 구조여서 「올라오세요」라고 했던 것이 「어서 들어오세요」의 말이 된 것이랍니다.

한자읽기 上(あ)がる / 失礼(しつれい) / 楽(らく)

Basic Pattern 4

와 줘서 기뻐요.

A : おくれて すみません。
B : あら、和子さん。来て くれて うれしいわ。

A : 늦어서 죄송합니다.
B : 어머, 카즈코씨. 와줘서 기뻐요.

→ 다른 사람의 집에 초대되어서 「몇 시에 가면 돼요?」라고 할 때에는 「何時(なんじ)に 行(い)けば いいですか」라고 말하면 됩니다.

❶ 早く 行って お手伝い しましょうか。
일찍 가서 도와드릴까요?

❷ 彼に 紹介 します。
그에게 소개해 드리겠습니다.

❸ 彼を 知って います。
그를 알고 있습니다.

❹ さそって くれて うれしいです。
청해 주셔서 감사합니다.

122

연습

A : おくれて すみません。

B : あら、和子（かずこ）さん。＿＿＿＿＿＿＿

　　　＿＿。

A : どうぞ お入（はい）り ください。

B : はい。どうも。

✏️ 알아두기

▶ 한국말로는 「알아요」나 「알고 있어요」나 둘 다 맞는 표현이지만
일본어는 「知って います」만 쓰이지 「知ります」는 틀린 표현이라
는 걸 알아둡시다. 그러나 「～모르세요?」라고 물을 때에는 「～知
りませんか」라고 합니다. 부정형으로 물을 때는 시제의 구애를
받지 않기 때문입니다.

한자읽기 和子(かずこ) / 早(はや)い / 手伝(てつだ)う / 彼(かれ) / 紹介(しょうか
い) / 知(し)る / 入(はい)る

123

5

지금 차를 타니까요.

A : 今、お茶を いれますから。

B : どうぞ、おかまいなく。

A : 지금 차를 타니까요.
B : 네, 알아서 해주세요.

→ 「おかまいなく」 하게 되면 「조금도 걱정하지 말고 마음대로 해
주세요」라는 뜻입니다.

나니 까   오 노 미 모노   이 까 가 데 스 까
❶ 何か お飲み物 いかがですか。
음료수라도 드시겠어요?

에–   이 타 다 끼 마 스
❷ ええ、いただきます。
네, 좋지요(마시겠습니다).

입 빠이 데   쥬– 분 데 스
❸ 一杯で 充分です。
한잔이면 됩니다.

와 따 시 와   부 락 꾸 노   호– 가   스 끼 데 스
❹ わたしは ブラックの ほうが 好きです。
저는 블랙이 좋습니다.

코– 토 오   아 즈 카 리 마   쇼–
❺ コートを あずかりましょう。
코트 주세요(맡아둘게요).

연습

A : どうぞ おかけください。

B : はい、ありがとう ございます。

A : 今、お茶を いれますから。

B : どうぞ、__________。

알아두기

▶ 일본인들은 どうぞ라는 말을 자주 씁니다. 일상생활에 있어서 뒷
말을 생략한 채 말하면 여러가지 상황에서 제스처와 함께 아주
다양한 의미로 쓰입니다.

- どうぞ。들어오세요(현관에서 손님을 맞이할 때)
- どうぞ。드세요(손님에게 음료나 음식을 권할 때)
- どうぞ。앉으세요(자리를 권할 때)
- また どうぞ。또 오세요(손님을 배웅할 때)

한자읽기 お茶(ちゃ) / 飲(の)み物(もの) / 一杯(いっぱい) / 充分(じゅうぶん) / 好
(す)きだ / 今(いま)

125

Basic Pattern 6

어서 드세요.

A : どうぞ。

B : はい、いただきます。

> A : 어서 드세요.
> B : 네, 잘 먹겠습니다.

➡ 상대방에게 식사를 권유할 때 쓰이는 말로 「冷(さ)めない うちに 召(め)し上(あ)がって ください (식기 전에 드세요)」라는 표현도 좋습니다.

관련표현

❶ 好きなのを えらんで ください。
좋아하는 것을 고르세요.

❷ どれが いいですか。
어느 것이 좋을까요?

❸ あなたには これが よさそうです。
당신에게는 이것이 좋을 것 같군요.

❹ これが あまり 辛く なさそうですね。
이것이 그다지 맵지 않을 듯 싶군요.

❺ これを いただきます。
이것을 먹겠습니다.

연습

A : わあ、おいしそうですね。

B : これは お好<ruby>好<rt>この</rt></ruby>み焼<ruby>焼<rt>や</rt></ruby>きと いう 日本<ruby>日本<rt>にほん</rt></ruby>の 料理<ruby>料理<rt>りょうり</rt></ruby>です。 _________。

A : はい、いただきます。

알아두기

▶ 남의 집에 초대받아 방문을 하게 되면 소박하나마 뭔가 기념이 될 만한 선물을 하는 것이 좋습니다. 이런 생각은 일본인이나 한국 인이나 같지만 선물의 종류에 있어서는 약간 다른 점이 있습니다. 그 지방의 토산품이 가장 좋기는 하지만 그렇지 않을 경우 고급 과자를 선물하는 것을 자주 볼 수 있는데 일본인들에게는 과자가 어린아이들만의 것이 아닌 모양입니다.

한자읽기 好(す)きだ / 辛(から)い / お好(この)み焼(や)き / 日本料理(にほんりょうり)

Basic Pattern

7

밥 더 드실래요?

A : ご飯のお代わり、いかがですか。
B : けっこうです。お腹いっぱいです。

A : 밥 더 드실래요?
B : 괜찮습니다. 배가 불러요.

➤ 「お代(か)わり」는 식사중에 음식을 더 권유할 때 쓰는 말로 「いかがですか」와 함께 쓰여 「~더 드실래요?」할 때 쓰는 표현입니다. 상대방에게 음식을 더 권유할 때에는 「もう 少(すこ)し いかがですか (조금 더 드실래요?)」라는 말을 씁니다.

❶ お口に 合いますか。

입에 맞으세요?

❷ 味は どうですか。

맛은 어때요?

❸ とても おいしいですね。

아주 맛있네요.

❹ すごく いい お味です。

대단히 맛있습니다.

연습

A : ＿＿＿＿＿＿＿＿＿＿＿＿＿＿＿。

B : あ、けっこうです。お腹(なか)いっぱい
　　です。

A : どうですか。料理(りょうり)は 口(くち)に 合(あ)いま
　　したか。

B : どくとくな 味(あじ)ですね。

알아두기

▶ 음식을 더 권유해 올 때 사양하고 싶다면 「もう けっこうです / お
腹(なか) いっぱいです」라고 대답하면 됩니다. 그리고 식사를 마
친 후 「ごちそうさまでした(잘 먹었습니다)」라고 말하면 「おそ
まつさまでした(변변치 못했습니다)」라고 말하면 됩니다.

한자읽기　ご飯(はん) / お代(か)わり / お腹(なか) / 口(くち)に 合(あ)う / 味(あじ)
　　　　／料理(りょうり)

Basic Pattern *8*

이만 가보겠습니다.

A : それでは、そろそろ 失礼します。

B : また 遊びに きて ください。

A : 그럼 이만 슬슬 가보겠습니다.

B : 또 놀러 오세요.

➡ 「失礼(しつれい)します」는 자신이 먼저 자리를 뜨게 되었을 때 하는 작별의 인사말입니다. 「조심해서 들어가세요」는 「お気(き)を つけて おかえり ください」라고 합니다.

관련표현

❶ おそくまで 失礼いたしました。

늦게까지 실례했습니다.

❷ では、これで 失礼いたします。

그럼, 이만 실례하겠습니다.

❸ また お会い したいですね。

또 만나뵙기를 기대하겠습니다.

❹ そこまで お送り いたしましょう。

요 앞까지 바래다 드리겠습니다.

❺ 駅まで お送り いたします。

역까지 모셔다 드리겠습니다.

연습

A : それでは そろそろ 失礼(しつれい)します。

今日(きょう)は たのしかったです。

B : ＿＿＿＿＿＿＿＿＿＿＿＿＿＿＿。

A : はい、遅(おそ)くまで 失礼(しつれい) いたしました。

 알아두기

▶ 한국이나 일본이나 남의 집에 방문하였다가 일어날 경우 대부분 돌아가는 손님을 붙들기 마련입니다.

· もう いかれるんですか。

(벌써 가시게요?)

· もう 少(すこ)し ゆっくり なさって ください。

(좀더 천천히 계시다 가세요)

그러나 이런다고 해서 정말 다시 눌러앉다간 그 집에 다시는 초대받을 일 없겠죠? 참고로 「또 오세요」라는 말을 하고 싶으면 이렇게 하면 됩니다.

· お暇(ひま)な 時(とき)には いつでも きて ください。

(한가할 때 언제든지 오세요)

한자읽기 失礼(しつれい) / 遊(あそ)ぶ / 楽(たの)しむ / 送(おく)る / 駅(えき) / 今日(きょう) / 遅(おそ)い

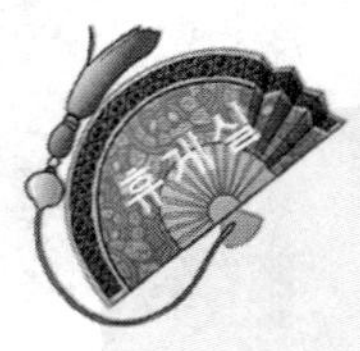

エチケット①(에티켓)

　식사할 때의 에티켓을 알아볼까요?

　음식을 먹을 때에는 그릇을 왼손으로 받쳐들어 입에 가까이 대고 먹습니다. 우리나라에서와 같이 밥상 위에 그릇을 올려놓은 채로 고개를 숙여 음식을 먹으면 일본인들은 '개가 먹는 모습과 같다'고 생각합니다. 또한 일본인들은 같이 섞어먹는 것에 대해서 상당히 민감한 편입니다. 여럿이서 같이 먹는 음식을 덜어먹을 때에는 개인용 작은 접시(小皿)에다가 젓가락 반대편으로 덜어서 먹거나 그렇지 않은 경우 덜어먹는 젓가락이 따로 놓여져 있습니다. 카레라이스 같은 것도 한꺼번에 다 섞어 비벼먹지 않습니다. 아름답게 차려진 모양을 흐트려뜨리지 않고 먹는 것이 일본인들이 음식을 즐기는 방법입니다.

　젓가락에서 젓가락으로 음식을 주고받는 것 또한 실례입니다. 일본에서는 죽은 사람의 유골을 화장해서 추릴 때 두 사람이 젓가락으로 같이 집기 때문이죠.

제 **9** 장

회사생활

Basic Pattern 1

댁의 회사에서는 어떤 일을 합니까?

오 타쿠 노　카이 샤 데 와　　돈　나　교- 무 오
A : お宅の 会社では どんな 業務を
시 떼　이 마 스 까
して いますか。

우 치 노　카이 샤 와　아 메 리 카 무 케 노　한
B : うちの 会社は アメリカ向けの 半
도- 타이 세- 힝 오　카이 하츠 시 떼　이 마 스
導体製品を 開発して います。

A : 댁의 회사에서는 어떤 일을 합니까?
B : 저희 회사는 미국상대의 반도체 제품 개발을 합니다.

「～向(む)けの」는 「～상대의」라는 말로 「～에게 적합한, ～에게 알맞은」의 뜻을 가지고 있습니다. 「어린이용 장난감」이라는 말은 「子供向(こどもむ)けの おもちゃ」라고 합니다.

아 메 리 카 또 노　고- 벵 가이 샤 데 스
❶ アメリカとの 合弁会社です。
미국과의 합병회사입니다.

기 쥬쯔 테- 케- 오　무슨 데 이 마 스
❷ 技術提携を 結んで います。
기술제휴를 맺고 있습니다.

함 바이 셈 몬 노　카이 샤 데 스
❸ 販売専門の 会社です。
판매전문 회사입니다.

스즈 키 산 노　시 고토 와　돈 나　고토 데 스 까
❹ 鈴木さんの 仕事は どんな ことですか。
스즈키씨의 일은 어떤 일입니까?

연습

A : お宅（たく）の 会社（かいしゃ）では 主（おも）に ＿＿＿＿＿＿＿

＿＿＿＿＿＿＿＿。

B : うちの会社（かいしゃ）は コンピューターの ソフトを 開発（かいはつ）して います。

A : 鈴木（すずき）さんは どんな 仕事（しごと）を 担当（たんとう）して いますか。

B : わたしは 販売（はんばい）を 担当（たんとう）して います。

해석

A : 댁의 회사에서는 <u>어떤 일을 합니까?</u>

B : 저희 회사는 컴퓨터 소프트웨어를 개발하고 있습니다.

A : 스즈키씨는 어떤 일을 담당하고 있습니까?

B : 저는 판매를 담당하고 있습니다.

알아두기

▶ 상대방의 회사에 대한 관심을 나타내는 말로「主力商品(しゅりょくしょうひん)은 なんですか(주력상품은 뭡니까?)」,「どんな 種類(しゅるい)の 物(もの)を 扱(あつか)って いますか(어떤 종류의 것을 취급합니까?)」등의 표현도 있습니다.

한자읽기 宅(たく) / 会社(かいしゃ) / 業務(ぎょうむ) / 向(む)く / 半導体製品(はんどうたいせいひん) / 開発(かいはつ) / 合弁会社(ごうべんがいしゃ) / 技術提携(ぎじゅつていけい) / 結(むす)ぶ / 販売専門(はんばいせんもん) / 主(おも)に / 担当(たんとう)

Basic Pattern

2

사원은 몇 명인가요?

샤 잉 와　난 닝 데 스 까
A : 社員は 何人ですか。

젬 부 데　욘쥬- 닌 데 스
B : 全部で ４０人です。

A : 사원은 몇 명입니까?

B : 전부 40명입니다.

➡ 비슷한 말로 「종업원은 몇 명입니까?」는 「従業員(じゅうぎょうい
ん)は 何人(なんにん)ですか」라고 합니다.

관련표현

카이 샤 와　난 넨 니　데 끼 마 시 타 까
❶ 会社は 何年に できましたか。

　회사는 언제 생겼습니까?

데 키 따 바 까 리 데 스
❷ できたばかりです。

　생긴 지 얼마 안되었습니다.

시 샤 모　아 리 마 스 까
❸ 支社も ありますか。

　지사도 있습니까?

토리히키사키 와　이 꾸 쯔 구 라 이　아 리 마 스 까
❹ 取引先は いくつぐらい ありますか。

　거래처는 몇 군데 정도 있습니까?

캉 코쿠 카 라 노　오 갹 상　와　오- 인　데 스 까
❺ 韓国からの お客さんは 多いんですか。

　한국에서 오시는 손님은 많습니까?

연습

A : 社員は 何人ですか。

B : ＿＿＿＿＿＿＿＿＿。

A : 部署は いくつ ありますか。

B : 営業部、企画部、管理部、総務部
の 四つです。

해석

A : 사원은 몇 명입니까?

B : <u>전부 40명입니다.</u>

A : 부서는 몇 개입니까?

B : 영업부, 기획부, 관리부, 총무부의 4개입니다.

✏️ 알아두기

▶ 「できたばかりです」에서 「~た ばかり」는 「지금 막 ~한 참이다」
라는 말로서, 어떤 동작이나 행위가 지금 막 완료되었거나 또는
심리적으로 완료된 지 얼마 되지 않았음을 나타냅니다.

한자읽기 社員(しゃいん) / 何人(なんにん) / 全部(ぜんぶ) / 40人(よんじゅうにん)
/ 何年前(なんねんまえ) / 会社(かいしゃ) / 支社(ししゃ) / 取引先(とりひ
きさき) / 韓国(かんこく) / お客(きゃく) / 多(おお)い / 部署(ぶしょ) / 営
業部(えいぎょうぶ) / 企画部(きかくぶ) / 管理部(かんりぶ) / 総務部(そ
うむぶ) / 四(よっ)つ

Basic Pattern

3

점심은 밖에서 먹습니까?

오 히루 와　소토 데　다 베　룬　데스　까
A : お昼は 外で 食べるんですか。

이－ 에　샤 인쇼쿠도－ 데　다 베마스
B : いいえ、社員食堂で 食べます。

A : 점심은 밖에서 먹습니까?

B : 아니오, 구내식당에서 먹습니다.

➡ 「～んですか」는 「～のですか」의 회화체입니다. 여기서 の는 상대 방에게 질문을 하면서 설명을 요구하는 뉘앙스를 갖고 있습니다.

카이 샤 노마와 리 니　오 이 시－　미세 와 아 리 마 스 까
❶ 会社の周りに おいしい 店は ありますか。

회사 근처에 맛있는 가게가 있습니까?

고 노　비루노　나 카니　샤 인쇼쿠도－ 와　아 리 마 셍 까
❷ この ビルの なかに 社員食堂は ありませんか。

이 빌딩 안에 구내식당은 없습니까?

타이 샤 시 떼 까 라　나니오　시 마 스 까
❸ 退社してから 何を しますか。

퇴근하면 무엇을 합니까?

카 라 오 케　복 쓰 데　우타 이 마 스
❹ カラオケボックスで 歌います。

노래방에서 노래를 합니다.

김 산 노　카이 샤 데 와　장교－ 가　오 이 데 스 까
❺ 金さんの 会社では 残業が 多いですか。

김씨의 회사는 잔업이 많습니까?

연습

A : ＿＿＿＿＿＿＿＿＿＿＿＿＿。

B : いいえ、社員食堂で 食べます。

A : 残業のない 時は 何を します か。

B : 一杯やりに 行きます。

해석

A : 점심은 밖에서 먹습니까?

B : 아니오, 구내식당에서 먹습니다.

A : 잔업이 없을 때는 무엇을 합니까?

B : 한잔 하러 갑니다.

알아두기

▶ 일본인들은 「퇴근」이라는 말로 「退勤(たいきん)」 외에 「退社(たいしゃ)」도 즐겨 씁니다. 또 「帰(かえ)る」를 써서 「もう 帰りました(벌써 퇴근했습니다)」라고 하기도 합니다.

　· 帰りが おそく なりそうです.

　　(퇴근이 늦어질 것 같아요)

한자읽기 昼(ひる) / 外(そと) / 食(た)べる / 社員食堂(しゃいんしょくどう) / 会社(かいしゃ) / 周(まわ)り / 店(みせ) / 退社(たいしゃ) / 歌(うた)う / 残業(ざんぎょう) / 時(とき) / 一杯(いっぱい) / 行(い)く

Basic Pattern 4

입사한 지 10년째입니다.

A : わたしは 入社して 10年目です。

B : すごいですね。

A : 저는 입사해서 10년째입니다.

B : 대단하군요.

➡ 入社는 회사에 들어가 사원이 된다는 의미로,「막 입사했습니다/ 입사한 지 얼마 안됩니다」는 「入社したばかりです」라고 합니다.

❶ **入社して 何年ですか。**

입사한 지 몇 년 되었습니까?

❷ **会社に 入って もう 長いですか。**

회사에 들어온 지 오래 되셨습니까?

❸ **出張は よく ありますか。**

출장은 자주 있습니까?

❹ **有給休暇は ありますか。**

유급 휴가는 있습니까?

❺ **退社後は まっすぐ 家に 帰ります。**

퇴근 후에는 곧바로 집으로 갑니다.

연습

A : 大学を 卒業したら どう する つもりですか。

B : 銀行に つとめたいと 思って います。

A : そうですか。わたしは 銀行に ＿＿＿＿＿＿＿＿＿＿＿＿＿。

B : うわあ、 すごいですね。

해석

A : 대학을 졸업하고 어떻게 하실 생각이십니까?

B : 은행에서 일하고 싶습니다.

A : 그래요? 저는 은행에 입사한 지 10년째입니다.

B : 와, 대단합니다.

알아두기

社長(しゃちょう) 사장	部長(ぶちょう) 부장
課長(かちょう) 과장	係長(かかりちょう) 계장
ベテラン社員(しゃいん) 고참사원	平社員(ひらしゃいん) 평사원
上司(じょうし) 상사	部下(ぶか) 부하
役員(やくいん) 임원	重役(じゅうやく) 중역, 이사

＊「平社員」이라는 말은 남에게는 쓰지 않는 것이 좋습니다.

한자읽기 入社(にゅうしゃ) / 10年目(じゅうねんめ) / 何年(なんねん) / 入(はい)る / 長(なが)い / 出張(しゅっちょう) / 退社後(たいしゃご)

Basic Pattern 5

야마다 부장님 계십니까?

야마다 부쵸- 이 랏 샤 이 마 스 까
A : 山田部長、いらっしゃいますか。

타 다 이 마 카이 기 츄-데 스 가
B : ただいま 会議中ですが。

A : 야마다 부장님 계십니까?

B : 마침 회의중입니다만.

→ 마침 찾는 사람이 자리를 비웠지만 조금 있으면 올 것 같은 경우 「すぐに 来(き)ます(곧 올겁니다)」라고 말합니다.

스 미 마 셍 타 다 이 마 오 리 마 셍
❶ すみません、ただいま おりません。

죄송합니다, 마침 안 계십니다.

데 와 고 노 쇼 루이오 오 와 타 시 네가 이 마 스
❷ では、この 書類を おわたし 願います。

그럼, 이 서류를 전해주시길 부탁드립니다.

교- 와 카라다노 구 아이 가 와루 꾸 떼 야슨 데 이 마 스 가
❸ 今日は 体の 具合が 悪くて 休んで いますが。

오늘은 몸 상태가 안 좋아서 나오시지 않았습니다만.

다 나카 와 덴 킨 니 나 리 마 시 타 가
❹ 田中は 転勤に なりましたが。

다나카씨는 전근하셨습니다만.

카이 기 노 지 캉 가 헹 코-니 나 리 마 시 타
❺ 会議の 時間が 変更に なりました。

회의 시간이 변경되었습니다.

연습

A : 正進商事の 崔と 申しますが、

＿＿＿＿＿＿＿＿＿＿＿。

B : ただいま 会議中ですが。

A : どれくらい 待たなければ なりま

せんか。

B : 5分ぐらいで 終わります。

알아두기

▶ 만약 어떤 방문객이 찾는 사람이 없을 경우 한국식대로 일본어로 옮겨서 「～は いらっしゃいません(～는 안 계십니다)」이라고 하면 어색한 표현이 됩니다. 이럴 때는 반드시 「～は おりません」 이라고 겸양의 표현을 써야 합니다.

한자읽기
山田(やまだ) / 部長(ぶちょう) / 会議中(かいぎちゅう) / 書類(しょるい) / 願(ねが)う / 今日(きょう) / 体(からだ) / 具合(ぐあい) / 悪(わる)い / 休(やす)む / 田中(たなか) / 転勤(てんきん) / 時間(じかん) / 変更(へんこう) / 商事(しょうじ) / 申(もう)す / 待(ま)つ / 5分(ごふん) / 終(お)わる

Basic Pattern 6

휴가에 뭘 하실 생각이십니까?

A: 休みは どう する つもりですか。
B: 旅行に 行こうと 思います。

A : 휴가에 뭘 하실 생각이십니까?
B : 여행을 가려고 합니다.

「〜する つもりだ(〜할 생각이다)」라는 뜻으로 예정, 작정, 계획을 나타내는 말입니다. 「생각」이라는 말에는 「かんがえ」와 「つもり」의 두 가지가 있는데 체계적인 계획을 뜻하는 말은 「つもり」입니다.

❶ 今度の 休みは どうしますか。

이번 휴가는 어떻게 하실 겁니까?

❷ 休みの 日程は 決まりましたか。

휴가 일정은 정해졌습니까?

❸ 休暇は どれくらいですか。

휴가는 얼마 정도입니까?

❹ 一週間の 休みが とれます。

일주일간의 휴가를 낼 수 있습니다.

144

연습

A : 休^{やす}みは どうする つもりですか。

B : ＿＿＿＿＿＿＿＿＿＿＿＿。

A : どこに 行^いきますか。

B : フランスに 行^いく つもりです。

해석

A : 휴가는 어떻게 하실 생각이십니까?

B : 여행을 가려고 합니다.

A : 어디로 가실 겁니까?

B : 프랑스로 가려 합니다.

알아두기

▶ 일본은 4월말과 5월초에 걸쳐 휴일이 연속적으로 이어진 '황금휴가'가 있으며 새해와 8월 중순에 또 다른 대규모 휴일이 있습니다. 이 기간 동안은 해외여행도 절정을 이루어 나리타(成田)공항은 여행객들로 가득찹니다.

한자읽기 休(やす)み / 旅行(りょこう) / 行(い)く / 思(おも)う / 今度(こんど) / 日程(にってい) / 決(き)まる / 休暇(きゅうか) / 一週間(いっしゅうかん)

Basic Pattern

7

잔업이 많습니까?

A：残業が 多いですか。
B：ええ、でも やりがいが あります。

A : 잔업이 많습니까?
B : 네, 그래도 보람이 있습니다.

➡ 「かい」는 「(어떤 것에 대한) 보람」을 말합니다. 「やりがい」하게 되면 「(하는)보람」, 「いきがい」하게 되면 「사는 보람」이 됩니다.

관련표현

❶ やりたい ことを やった ほうが いいです。
하고 싶은 일을 하는 편이 좋습니다.

❷ 自分の 適性を 生かした ほうが いいです。
자신의 적성을 살리는 편이 좋습니다.

❸ 人並みには できるつもりです。
남들만큼은 할 수 있을 겁니다.

❹ 会社の 定年は ６０才です。
회사 정년은 60세입니다.

❺ パートでも 仕事は 続けたいんです。
파트타임이라도 일은 계속하고 싶습니다.

연습

A : 日本人は ワーカーホリックが 多いでしょう。

B : そうですね、でも 若い ひとたちは 生活を エンジョイ して いますよ。

A : 伊藤さんは ＿＿＿＿＿＿＿。

B : ええ、でも やりがいが あります。

알아두기

▶ 「ワーカーホリック」는 「work(일)」과 「alcoholic(알코올 중독자)」의 합성어로 「일중독자」를 말합니다. 그러나 요즈음 일본 젊은이들 가운데는 VTR・만화・게임 등에 빠져들어 사회와 자신을 단절시키는 「お宅(たく)」들이 늘어나 새로운 사회문제로 대두되고 있습니다.

한자읽기 残業(ざんぎょう) / 自分(じぶん) / 適性(てきせい) / 生(い)かす / 人並(ひとな)み / 社会(しゃかい) / 定年(ていねん) / 60才(ろくじゅっさい) / 続(つづ)ける / 若(わか)い / 生活(せいかつ) / 伊藤(いとう)

해석

A : 일본인은 일 중독자가 많지요?

B : 글쎄요, 그래도 젊은 사람들은 생활을 즐겨요.

A : 이토오씨는 잔업이 많은가요?

B : 네, 그래도 보람이 있습니다.

温泉(온천)

　일본의 온천 관광여행은 유명합니다. 온천에 가서 2박 3일 정도 머물면서 그곳의 식사도 즐기고 여유롭게 목욕을 즐기는 것은 잊지 못할 경험이 될 것입니다.

　방은 대개 다다미가 깔린 일본식 방으로, 방 한가운데에 테이블과 일본식 등받이 의자가 놓여져 있고, 테이블에는 차를 마실 수 있는 뜨거운 물이 항상 놓여져 있습니다. 저녁식사 준비와 잠자리 준비는 시중을 들어주는 아주머니 한 분이 해주는데 식사는 대부분 아침은 간단한 부폐식에 저녁식사는 일본식으로 양도 많고 상차림도 고급스럽습니다. 온천에서는 방마다 준비되어 있는 浴衣(ゆかた)라는 일본식 실내복에 게다를 신는데 유카타는 가운같이 생긴 면옷에 허리띠를 돌려 묶는 형태로 이것을 입은 채 묵고 있는 온천 안을 돌아다닐 수 있습니다. 온천은 대개 거품탕, 약초탕, 온탕, 냉탕, 한증막, 노천온천 등으로 구성되어 있습니다.

　일본의 유명한 온천관광지로는 '地獄(지고쿠)순회'로 유명한 규슈(九州)의 벳푸(別府)온천, 하코네(箱根)온천, '湯もみ踊り(유모미오도리)'로 유명한 구사쓰(草津)온천 등이 있습니다.

전화

Basic Pattern 1

여보세요, 사토오씨 댁입니까?

> A : もしもし、佐藤さんの　お宅で
> しょうか。
> B : はい、そうです。
>
> A : 여보세요, 사토오씨 댁입니까?
> B : 네, 그렇습니다.

➤ 사무실 같은 곳에서 전화를 받을 때는「はい、正進商事(しょう
じ)です(네, 정진상사입니다)」의 식으로 말문을 엽니다.

관련표현

❶ すみませんが、金さんを　おねがいします。
　실례하지만, 김씨를 부탁드립니다.

❷ 失礼ですが、どちらさまですか。
　실례하지만, 누구십니까?

❸ 恐れ入りますが、どちらさまでしょうか。
　실례합니다만, 어느 분이십니까?

❹ ああ、わたし　金ですけど。
　네, 저는 김입니다만.

❺ だれに　おかけですか。
　누구를 찾으십니까?(어느 분에게 거셨어요?)

연습

A : もしもし、＿＿＿＿＿＿＿＿。

B : はい、そうです。

A : わたしは 鄭ですが、佐藤<ruby>さとう</ruby>さん い

　　らっしゃいますか。

B : あ！鄭さん、わたしですよ。

해석

A : 여보세요, 사토오씨 댁인가요?

B : 네, 그렇습니다.

A : 저는 정입니다만, 사토오씨 계십니까?

B : 아, 정씨, 저에요.

알아두기

▶ 한국에서 다른 사람의 집에 전화를 걸었을 때 상대방이 전화를 받으면 우선 「여보세요, ~네 집이지요?」라고 말을 시작하듯이 일본에서도 마찬가지로 「~のお宅でしょうか」라고 말합니다. 「お宅」는 「家(いえ)」를 공손하게 하는 말입니다.

 한자읽기 佐藤(さとう) / お宅(たく) / 失礼(しつれい) / 恐(おそ)れ入(い)る

Basic Pattern

2

잠시만 기다려 주세요.

A：^{사토-}佐藤さん ^{이 랏 샤}いらっしゃいますか。
B：^{하 이}はい、^{쇼-쇼-}少々 ^{오마치 쿠다사이}お待ち ください。

   A : 사토오씨 계십니까?
   B : 네, 잠시만 기다려 주세요.

➡ 찾는 사람이 없을 때에는 「~は いま おりません(~는 지금 안계십니다)」라고 합니다. 앞에서도 중복되는 설명이지만 「いらっしゃいません」으로 쓰지 않도록 주의해 주세요.

❶ ^{시쯔레- 데 스 가}失礼ですが、お名前は ^{난 또}何と ^{옷 샤 이 마 스 까}おっしゃいますか。

실례하지만 (전화주신 분) 성함이 어떻게 되십니까?

❷ ^{도- 이 우 고요- 켄 데 스 까}どう いう ご用件ですか。

무슨 일로 전화주셨습니까?

❸ ^{오 마 타 세 시 마 시 타 다 나카 데 스}お待たせしました。田中です。

많이 기다리셨습니다. 다나카입니다.

❹ ^{오 뎅 와 카 와 리 마 시 타 다 나카 데 스}お電話 かわりました。田中です。

전화 바꿨습니다. 다나카입니다.

연습

A : 佐藤（さとう）さん いらっしゃいますか。

B : はい、鄭さんですね。＿＿＿＿＿＿

＿＿＿＿＿＿＿。

C : お電話（でんわ） かわりました。佐藤（さとう）です。

A : わたしは 鄭ですけど。

C : ああ、鄭さん、ひさしぶりです
ね。お元気（げんき）ですか。

해석

A : 사토오씨 계십니까?

B : 네, 정씨로군요. 잠시 기다려 주십시오.

C : 전화 바꿨습니다. 사토오입니다.

A : 저는 정입니다만.

C : 아아, 정씨 오래간만 이군요. 건강하세요?

알아두기

▶ 「いらっしゃいますか」는 「계십니까?」의 뜻입니다. 「いらっしゃる」는 「行（い）く・来（く）る・いる」를 공손하게 하는 말로 「가시다・오시다・계시다」의 뜻으로 폭넓게 쓰입니다.

한자읽기 佐藤（さとう） / 少々（しょうしょう） / 待（ま）つ / 失礼（しつれい） / 名前（なまえ） / 用件（ようけん） / 田中（たなか） / 電話（でんわ）

Basic Pattern

3

연결해 드리겠습니다.

에-교-부 노 야마다 상　　오 네가 이 시 마 스
A : 営業部の山田さん、お願いします。

오 마 찌 쿠 다 사 이　　오 마 와 시 시 마 스
B : お待ちください。お回しします。

A : 영업부의 야마다씨 부탁드립니다.

B : 기다려 주십시오. 돌려드리겠습니다.

➡ 「お願(ねが)いします」는 경어체로,「願います」에 존경을 나타내는 「お〜する」 형식을 취한 말입니다.「お待(ま)ちください」나 「お回(まわ)しします」도 마찬가지로 사무실 같은 곳에서는 경어체 표현이 많이 쓰입니다.

관련표현

캉 코쿠 고 노　하나세 루　카타오　오 네 가 이 시 마 스
❶ 韓国語の 話せる 方を おねがいします。

　한국어를 할 수 있는 분을 부탁드립니다.

하 이　　오 츠 나 기 시 마 스
❷ はい、おつなぎします。

　네, 연결해 드리겠습니다.

소- 무 부 노　다 레 니　오 츠 나 기 시 마　쇼-　 까
❸ 総務部の だれに おつなぎしましょうか。

　총무부의 누구를 연결해 드릴까요?

키 라 즈 니　소 노 마 마　오 마 치 쿠 다 사 이
❹ 切らずに そのまま お待ちください。

　끊지 말고 그대로 기다려 주세요.

김　상　 까 라 노　오 뎅 와 데 스
❺ 金さんからの お電話です。

　김씨에게서 전화왔습니다.

154

연습

A : はい、正進商事で ございます。

B : 営業部の山田さん、お願いします。

A : 失礼ですが、どちらさまでしょうか。

B : 韓国から 来た 金と 申しますが。

A : お待ちください。＿＿＿＿＿＿＿＿。

해석

A : 네, 정진상사입니다.

B : 영업부의 야마다씨 부탁드립니다.

A : 실례하지만 어떻게 되십니까?

B : 한국에서 온 김이라고 합니다만.

A : 기다려 주십시오, 돌려드리겠습니다.

한자읽기 営業部(えいぎょうぶ) / 山田(やまだ) / 願(ねが)う / 待(ま)つ / 回(まわ)す / 韓国語(かんこくご) / 話(はな)せる / 方(かた) / 総務部(そうむぶ) / 切(き)る / 電話(でんわ) / 商事(しょうじ) / 失礼(しつれい) / 来(き)た / 申(もう)す

Basic Pattern 4

지금 자리를 비우셨는데요.

A：鈴木さん、いらっしゃいますか。
B：鈴木は ただいま 席を 外して お
ります。

A : 스즈키씨 계십니까?
B : 스즈키씨는 지금 자리를 비우셨습니다.

➡ 찾는 사람이 언제 돌아올지 모르는 경우에는 「いつ もどって く
るか わかりませんが(언제 돌아올지 모르겠습니다만)」라고 합니
다.

관련표현

❶ 主人は ただいま 出かけて おりますが。
　남편은 지금 외출했습니다만.

❷ いつごろ お帰りに なりますか。
　언제 돌아오십니까?

❸ すぐ もどると 思いますが。 금방 올 것입니다만.

❹ 何時ごろだと いらっしゃいますか。
　몇 시쯤이면 계십니까?

❺ 午後は いらっしゃいますか。 오후에는 계십니까?

연습

A : はい、営業部^{えいぎょうぶ}です。

B : わたくし、金と 申^{もう}しますが、鈴^{すず}木^きさん いらっしゃいますか。

A : 鈴木^{すずき}は ＿＿＿＿＿＿＿＿＿＿＿。

B : そうですか。じゃ また あとで お電話^{でんわ} します。

해석

A : 네, 영업부입니다.

B : 저, 김이라고 합니다만, 스즈키씨 계십니까?

A : 스즈키씨는 지금 자리를 비우셨습니다만.

B : 그렇습니까? 그럼 나중에 다시 전화하겠습니다.

 알아두기

▶ 「ただいま」는 인사말로서 「다녀왔습니다」라는 말로 쓰이지만 문장 앞에 오게 되면 「마침, 지금」이라는 말이 됩니다.

　• ただいま 切(き)らして おります.

　　(마침 떨어졌습니다)

한자읽기 鈴木(すずき) / 席(せき) / 外(はず)す / 主人(しゅじん) / 出(で)かける / 帰(かえ)る / 思(おも)う / 何時(なんじ) / 午後(ごご) / 営業部(えいぎょうぶ) / 申(もう)す / 電話(でんわ)

Basic Pattern 5

지금 다른 전화를 받고 있는데요.

야마 다 상 오 오네가이 시 마 스
A : 山田さんを お願い します。

타 다 이 마 호 카 노 덴 와 니 데떼 오
B : ただいま ほかの 電話に 出て お

리 마 스 가
りますが。

A : 야마다씨 부탁드립니다.

B : 지금 다른 전화를 받고 있는데요.

전화를 건 상대방이 통화중일 경우, 급하다면 「長引(ながび)きそ
うですか。急(いそ)いでいるんですが(오래 걸릴 것 같습니까?
급합니다만)」라고 말할 수 있습니다.

아 이 니 쿠 다 나카 와 하나시쮸- 데 스 가
❶ あいにく 田中は 話中ですが。

마침 다나카씨는 통화중입니다만.

다 레 모 토 리 마 셍
❷ だれも とりません。

아무도 받지 않습니다.

고 찌 라 까 라 오 뎅 와 이 타 시 마 소 - 까
❸ こちらから お電話 いたしましょうか。

이쪽에서 (다시) 전화 드릴까요?

나 가 꾸 나 리 소 - 데 스 까
❹ 長く なりそうですか。

(통화가) 길어질 것 같습니까?

연습

A : 正進商事で ございます。

B : 金と 申しますが、山田さんを お願い します。

A : ただいま あいにく ＿＿＿＿＿＿＿＿＿

＿＿＿＿＿。

B : では、おりかえし お電話を いただきたいんですが。

A : はい、かしこまりました。

해석

✏️ 알아두기

▶ 한국과 일본의 전화 문화에 있어서 한국에서는 우선 한참 이야기를 하다가 「실례지만, 누구시라고 전해드릴까요?」 하는 식으로, 전화를 받은 쪽이 전화를 건 사람의 이름을 확인하지만 일본에서는 전화를 건 쪽이 우선 자신의 이름을 밝히는 것이 일반적입니다.

한자읽기 山田(やまだ) / 願(ねが)う / 電話(でんわ) / 出(で)る / 話中(はなしちゅう) / 長(なが)い / 商事(しょうじ) / 申(もう)す

Basic Pattern *6*

그럼 다시 전화드리겠습니다.

A：７時半には 終わると 思いますが。

B：じゃ、また お電話 します。

> A : 7시 반에는 끝날 것 같습니다만.
>
> B : 그럼 다시 전화하겠습니다.

➡ 전화를 다시 하겠다고 하는 표현으로는 「それでは また のちほど お電話 いたします(그럼 조금 있다 다시 전화드리겠습니다)」도 있습니다.

❶ 何時に かけ直せば いいでしょうか。

몇 시에 다시 전화하면 좋을까요?

❷ こちらから すぐ かけ直します。

이쪽에서 곧 다시 걸겠습니다.

❸ しばらくしてから かけ直して くださいませんか。

잠시 후에 다시 전화주시겠습니까?

❹ ５分後に また かけ直します。

5분 후에 또다시 걸겠습니다.

연습

A : あのう、田中さん いらっしゃいますか。

B : すみません。今、会議中ですが。

A : 何時ごろ 終わりますか。

B : 7時半には 終わると 思いますが。

A : ＿＿＿＿＿＿＿＿＿＿。

✏️ **알아두기**

▶ 일본은 의외로 공중전화 중에 국제전화가 안 되는 전화와 되는 전화가 구분되어 있어 사용 전에 확인을 해야 합니다.

　・この 電話で 国際電話(こくさいでんわ) かけられますか。

　　(이 전화로 국제전화를 걸 수 있습니까?)

한자읽기 7時(しちじ) / 終(おわ)る / 思(おも)う / 電話(でんわ) / かけ直(なお)す / 5分後(ごふんご) / 会議中(かいぎちゅう)

Basic Pattern

7
전언 부탁합니다.

A : ただいま 席を 外して おります
が。

B : では ご伝言を お願いします。

A : 지금 자리를 비우셨는데요.

B : 그럼 전언을 부탁합니다.

➡ 「伝言」과 같은 말로는 「言付(こよづ)け」가 있습니다. 그냥 간단하게 「お伝(つた)え ください(전해주세요)」라고 말해도 좋습니다.

❶ お言付けを おねがい したいんですが。

전언을 부탁드리고 싶습니다만.

❷ メモを 残したいんですが。

메모를 남기고 싶습니다만.

❸ 何時ごろ おもどりに なりますか。

몇 시 정도에 돌아오십니까?

❹ 6時までには もどると おもいます。

6시까지는 돌아올 것입니다.

연습

A : はい、営業部（えいぎょうぶ）です。

B : わたくし 金と 申（もう）しますが、山田（やまだ）さん いらっしゃいますか。

A : 山田（やまだ）は ただいま 席（せき）を 外（はず）して おりますが。

B : そうですか。では ＿＿＿＿＿＿＿＿＿ ＿＿＿＿＿＿＿。

알아두기

▶ ~さん은 「~씨/~님」이라는 뜻으로 성·이름이나 직업·직책 뒤에 붙어서 경의를 나타냅니다. 영어의 Mr.와 쓰임이 같으나 다만 주의할 점은 경의의 의미를 나타내는 말이므로

① 자신이 속해 있는 집단의 사람을 제3자에게 언급할 때나

② 자기 자신을 말할 때는 절대 쓰지 않는다는 것입니다.

· うちの 課長は いま 出張中（しゅっちょうちゅう）です。

　（저희 회사 과장님은 지금 출장중이십니다）

한자읽기 席（せき）/ 外（はず）す / 伝言（でんごん）/ 願（ねが）う / 言付（ことづ）け / 残（のこ）す / 6時（ろくじ）

Basic Pattern 8

반드시 전해드리겠습니다.

A : わたしの 電話番号は ６４９－０
７３７です。

B : 渡辺さまですね。確かに 申し 伝
えます。

A : 제 전화번호는 649-0737입니다.

B : 와타나베씨지요. 꼭 전해드리겠습니다.

➡ 연락처를 받아 적을 때 「삐삐 갖고 계세요?」라는 말은 「ポケット
ベルは お持(も)ちでしょうか」, 「핸드폰 갖고 계세요?」는 「携帯
(けいたい)は お持(も)ちでしょうか」라고 합니다.

❶ かしこまりました。そのように 申し 伝えます。

알겠습니다. 그렇게 말씀 전해드리겠습니다.

❷ おりかえし 連絡するよう 伝えます。

곧 연락드려 달라고 전하겠습니다.

❸ もう 一度 電話して くれるそうです。

다시 전화 준다고 합니다.

❹ もどりましたら 電話するよう 伝えます。

돌아오시면 (그쪽으로) 전화하라고 전해드리겠습니다.

연습

A : 恐(おそ)れ入(い)りますが、そちらさまの
お電話番号(でんわばんごう)を おねがい します。

B : はい、649-0737です。

A : 649-0737の 渡辺(わたなべ)さまですね。＿＿＿＿

＿＿＿＿＿＿＿＿＿。

해석

A : 죄송합니다만, 그쪽 (당신의) 전화번호를 부탁드립니다.

B : 네, 649-0737입니다.

A : 649-0737의 와타나베 씨지요. 꼭 말씀 전해드리겠습니다.

한자읽기 電話番号(でんわばんごう) / 渡辺(わたなべ) / 確(たし)かに / 申(もう)し
伝(つた)える / 連絡(れんらく) / 一度(いちど)

Basic Pattern 9

뭐 전할 말씀이라도 있습니까?

나니까 오고토즈케데모 아리마스까
A : なにか お言付けでも ありますか。
카이기와 요지까라니 나리마시타토
B : 会議は 4時からに なりましたと
오츠타에 쿠 다 사 이
お伝え ください。

A : 뭔가 전할 말씀이라도 있습니까?
B : 회의는 4시부터라고 전해주세요.

➡ 「전화해 달라고 전해주시겠습니까?」는 「お電話 くださるよう、
お伝(つた)え いただけますか」라고 합니다.

오 뎅 와 쿠 다 사 이
❶ お電話 ください。
　전화 주세요.

하 이 쇼- 치 시 마 시 타 오츠타에 이 타 시 마 스
❷ はい、承知しました。お伝え いたします。
　네, 알겠습니다. 전해드리겠습니다.

아토 데 카레니 츠타에 마 스
❸ 後で 彼に 伝えます。
　나중에 그에게 전하겠습니다.

와 따 시 까 라 뎅 와 가 앗 따 또 오츠타에 쿠 다 사 이
❹ わたしから 電話が あったと お伝え ください。
　저에게 전화가 왔다고 전해주세요.

고 치 라 까 라 오 카 케 시 마 쇼- 까
❺ こちらから おかけしましょうか。
　이쪽에서 전화드릴까요?

연습

A : _________________。

<ruby>今日<rt>きょう</rt></ruby>の <ruby>会議<rt>かいぎ</rt></ruby>は 4<ruby>時<rt>じ</rt></ruby>からに なり
B : ましたと お<ruby>伝<rt>つた</rt></ruby>え ください。

A : はい、かしこまりました。

B : よろしく おねがい いたします。

A : 뭔가 전할 말씀이라
도 있습니까?

B : 오늘 회의는 4시부
터라고 전해주세요.

A : 네, 알겠습니다.

B : 잘 부탁드립니다.

알아두기

▶ 전화에 관한 어휘

電話を かける	전화를 걸다
電話が かかって くる	전화가 걸려오다
電話を ひく	전화를 놓다
電話を とる	전화를 받다
電話番号(ばんごう)が かわる	전화번호가 바뀌다
電話を 切(き)る	전화를 끊다

한자읽기 言付(ことづ)け / 会議(かいぎ) / 4時(よじ) / 伝(つた)える / 承知(しょ
うち) / 後(あと) / 彼(かれ)

Basic Pattern 10

몇 번에 거셨어요?

남반니 오카케니 나리마시타까
A : 何番に おかけに なりましたか。
로꾸 용 큐- 노제로나나 산 나나 쟈 아리마 셍
B : 6 4 9 - 0 7 3 7 じゃ ありません
까
か。

A : 몇 번에 거셨어요?
B : 649-0737 아닌가요?

➡ 「죄송합니다, 잘못 걸었습니다」는 「すみません、かけ間違(まち が)えました」라고 합니다.

스미마 셍 방고-오 마치가에마시타
❶ すみません、番号を 間違えました。
죄송합니다, 전화를 잘못 걸었습니다.

뎅 와가 토-꾸떼 요꾸 키코에나이노데스가
❷ 電話が 遠くて よく 聞こえないのですが。
전화가 멀어서 잘 들리지 않습니다만.

스미마 셍 가 요꾸 키코에마 셍
❸ すみませんが、よく 聞こえません。
죄송합니다만, 잘 들리지 않습니다.

고 노 뎅 와 자츠옹가 하이리마 셍 까
❹ この 電話、雑音が 入りませんか。
이 전화 잡음이 있지 않습니까?

168

연습

A : もしもし、山田（やまだ）さん いらっしゃ
　　いますか。

B : ＿＿＿＿＿＿＿＿＿＿＿＿＿＿。

A : ６４９-０７３７じゃ ありません
　　か。

B : いいえ、うちは ０７６７です。

A : あっ、しつれいしました。すみ
　　ません。

해석

A : 여보세요, 다나카씨 계십니까?

B : *몇 번에 거셨습니까?*

A : 649-0737 아닙니까?

B : 아니오, 여기는 0767 입니다.

A : 아, 실례했습니다. 죄송합니다.

 ## 알아두기

▶ 「다시 ~한다」는 말을 할 때는 동사 「なおす」를 써서 앞의 동사에 이어말하면 됩니다.

・かく＋なおす＝かきなおす(다시 쓰다)
・やる＋なおす＝やりなおす(다시 하다)

한자읽기 何番(なんばん) / 番号(ばんごう) / 間違(まちが)える / 遠(とお)い / 聞(き)こえる / 雑音(ざつおん) / 入(はい)る / 山田(やまだ)

Basic Pattern 11

수신자부담으로 부탁드립니다.

A : コレクトコールで おねがいします。

B : 電話番号を おっしゃって ください。

A : 수신자부담으로 부탁드립니다.
B : 전화번호를 말씀해 주십시오.

➡ 교환을 통해 전화를 할 때는 원하는 지역과 번호를 넣어 「ソウル の 649の 4707 おねがいします(서울 649-4707번 부탁드립니다)」라 고 말하면 됩니다.

❶ 韓国の オペレーターを おねがいします。
한국 교환원을 부탁드립니다.

❷ 切らないで お待ちください。
끊지 말고 기다리십시오.

❸ お出に なりました。
나오셨습니다.

❹ どうぞ お話し ください。
이야기하십시오.

연습

A : ＿＿＿＿＿＿＿＿＿＿＿＿＿＿。

B : 電話番号を おっしゃって ください。

A : ６４９-０７３７です。

B : どなたと お話し なさいますか。

A : 鄭成一です。

해석

A : <u>수신자부담으로 부탁드립니다.</u>

B : 전화번호를 말씀해 주십시오.

A : 649-0737입니다.

B : 어느 분이라고 말씀드릴까요?

A : 정성일입니다.

알아두기

▶ 전화번호를 읽는 법

641-4738	ろくよんいち の よんななさんはち
0325	ぜろ さん に ご

 한자읽기 電話番号(でんわばんごう) / 韓国(かんこく) / 出(で)る / 話(はな)す

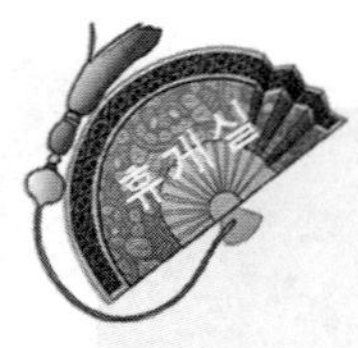

祭り(마츠리)

일본하면 빼놓을 수 없는 것 중 하나가 마츠리입니다. 그만큼 일본은 1년 내내 크고 작은 축제가 끊이지 않으며 점점 대중화·페스티벌화되어 해외 각지에서 마츠리를 보기 위한 관광객이 몰릴 정도가 되었습니다. 이것은 일본의 토착신앙인 신토(神道)의 영향으로 볼 수 있습니다.

2월 초순경 홋카이도 삿포로의 유키마츠리, 7월 1일부터 하는 교토의 기온마츠리(이 축제는 일본의 대표적인 전통축제로 꼽힙니다), 8월 초순 아오모리의 네부타마츠리 등을 꼽을 수 있습니다.

마츠리의 볼거리로 빼놓을 수 없는 것이 바로 'やまぼこ'라고 불리우는 커다란 수레입니다. 이것을 끌기 위하여 수십 명의 사람들이 축제 전부터 마음을 합쳐 연습을 합니다. 이런 집단주의야말로 일본정신의 뿌리라고 할 수 있겠지요.

서양문화를 가장 빨리 수용하여 첨단산업의 발전을 거듭하면서도 옛것을 변함없이 지켜나가는 모습에서 우리는 '공존의 문화'를 읽을 수 있습니다.

제 **11** 장

교통 · 길묻기

Basic Pattern 1

우에노 공원은 어디 있습니까?

A : 上野公園は どちらですか。

B : この 道を ずっと 行って ください。

A : 우에노 공원은 어디 있습니까?

B : 이 길을 쭉 가세요.

➡ 길가는 사람에게 말을 건넬 때는「すみません、ちょっと お伺(う かが)いします(실례합니다, 말씀 좀 묻겠는데요)」라고 합니다.

❶ 秋葉原へ 行きたいのですが。

　아키하바라에 가고 싶습니다만.

❷ この 住所を 探して います。

　이 주소를 찾고 있습니다.

❸ 東京への 行き方を 教えて くれますか。

　도쿄로 가는 길을 가르쳐 주시겠습니까?

❹ 歩いて 何分ぐらいですか。

　걸어서 몇 분 정도입니까?

❺ 歩いて そこへ 行けますか。

　걸어서 그곳에 갈 수 있습니까?

연습

A : あの、すみません。

B : はい、何<ruby>なん</ruby>ですか。

A : ＿＿＿＿＿＿＿＿＿＿＿＿＿。

B : この 道<ruby>みち</ruby>を ずっと 行<ruby>い</ruby>って くださ
い。

해석

A : 저, 실례합니다.

B : 네, 뭔데요?

A : 우에노 공원은 어디
에 있습니까?

B : 이 길을 쭉 가세요.

11
교통 · 길묻기

알아두기

▶ 「最寄(もよ)りの ～は どこでしょうか(가장 가까운 ～는 어디에
있습니까?)」의 식으로 목적지에서 제일 가까운 전철역이나 버스
정거장 등을 물어볼 때 쓰입니다.

한자읽기 上野公園(うえのこうえん) / 道(みち) / 秋葉原(あきはばら) / 住所(じゅ
うしょ) / 探(さが)す / 行(い)き方(かた) / 東京(とうきょう) / 教(おし)え
る / 歩(ある)く / 何分(なんぷん)

Basic Pattern 2

모퉁이를 오른쪽으로 돌아 3번째 건물입니다.

B : かどを 右に 曲がって 3番目の
建物です。

A : わかりました。 どうも。

A : 모퉁이를 오른쪽으로 돌아 3번째 건물입니다.

B : 알겠습니다. 고맙습니다.

➡ 길을 가르쳐 줄 때 쓰는 말 중「오른쪽으로 돌다」는「右(みぎ)に まがる」,「왼쪽으로 돌다」는「左(ひだり)に まがる」,「쭉 가다」는 「まっすぐ 行く」입니다.

❶ こっちの ほうですか。 이쪽 방향입니까?

❷ 突き当たりに あります。 막다른 곳에 있습니다.

❸ その 道の 向こう側に あります。

　이 길의 맞은편에 있습니다.

❹ この 道を わたって ください。 이 길을 건너세요.

❺ 左に 曲がるのですか。 좌측으로 꺾어지는 겁니까?

연습

A : すみません、この へんに 映画館(えいがかん)

　　ないでしょうか。

B : 映画館(えいがかん)ですか。あの かどを ＿＿＿

　　＿＿＿＿＿＿＿＿＿。

A : わかりました。どうも。

B : いいえ、どういたしまして。

해석

A : 실례합니다, 이 근처에 영화관 없습니까?

B : 영화관이오? 저 모퉁이를 <u>오른쪽으로 돌아 세번째 건물입니다.</u>

A : 알겠습니다. 감사합니다.

B : 아뇨, 별말씀을.

알아두기

▶ 거리에 관한 어휘

みぎがわ	ひだりがわ	うしろ	まえ	むこうがわ
오른쪽	왼쪽	뒤	앞	건너편
ふみきり	こうさてん	おおどおり	しんごう	おうだんほどう
건널목	교차점	큰길	신호	횡단보도

한자읽기 右(みぎ) / 曲(ま)がる / 3番目(さんばんめ) / 建物(たてもの) / 左(ひだり) / 突(つ)き当(あ)たり / 向(む)こう側(がわ) / 横切(よこぎ)り / 映画館(えいがかん)

11

교통 · 길묻기

Basic Pattern

3

길을 잃어버렸어요.

^{미치니} ^{마욧} ^떼 ^{시 마 이 마 시 타} ^{고 꼬}
A : 道に 迷って しまいました。ここ
^와 ^{도 꼬데 스 까}
は どこですか。

^{하라 쥬쿠 데 스}
B : 原宿です。

A : 길을 잃어버렸어요. 여기가 어디입니까?
B : 하라쥬쿠입니다.

➡ 「道に 迷う(길을 잃다)」는 많이 쓰는 표현이니 알아둡시다.「~て しまう」는「~해 버리다」라는 뜻이며 회화체로는「~ちゃう」가 됩니다.

^{고 꼬 와} ^{신 쥬꾸데 스 까}
❶ ここは 新宿ですか。
여기가 신쥬쿠입니까?

^{미치 가} ^{와 까 라 나 꾸} ^{나 리 마 시 타}
❷ 道が わからなく なりました。
길을 모르겠습니다.

^{칸 딴 나} ^{치 즈오} ^{카 이 떼} ^{쿠 다 사 이 마 셍 까}
❸ 簡単な 地図を 書いて くださいませんか。
간단한 지도를 그려 주시지 않겠습니까?

^{고 노} ^{치 즈 니 시루시오} ^{츠 케 떼} ^{모 라 에 마 스 까}
❹ この 地図に 印を つけて もらえますか。
이 지도에 표시를 해주시겠습니까?

연습

A : ＿＿＿＿＿＿＿＿。ここは どこ
　　 ですか。

B : 原宿<ruby>はらじゅく</ruby>です。

A : ホテルに 戻<ruby>もど</ruby>りたいのですが。

B : どの ホテルに 泊<ruby>と</ruby>まって いらっ
　　 しゃいますか。

알아두기

▶ 길을 물어봤는데 상대방이 「저도 이쪽 지리는 잘 모르는데요」라고 할 때가 있죠? 이런 말은 「わたし この へんは あまり 詳(くわ)しく ないんですけど」라고 합니다. 길을 가다가 확실치 않아서 「이쪽 방향인가요?」라고 확인하는 말은 「こちらの ほうですか」라고 합니다.

한자읽기 道(みち) / 迷(まよ)う / 原宿(はらじゅく) / 東京(とうきょう) / 簡単(かんたん) / 地図(ちず) / 書(か)く / 印(しるし) / 戻(もど)る / 泊(と)まる

Basic Pattern 4

이 버스는 아카사카에 갑니까?

고 노 바 스 와 아카사카 에 이 키 마 스 까
A : この バスは 赤坂へ 行きますか。

하 이 이 키 마 스
B : はい、行きます。

A : 이 버스는 아카사카에 갑니까?
B : 네, 갑니다.

➡ 버스나 지하철 등은 타기 전 목적지에 가는지 확인하고자 할 때
「これは ～へ 行きますか(이거 ～에 갑니까?)」라고 하면 됩니다.

관련표현

바 스 노 리 바 와 도 꼬 데 쇼 - 까
❶ バス乗り場は どこでしょうか。
버스 타는 곳은 어디입니까?

도 심 마 데 노 바 스 와 아 리 마 스 까
❷ 都心までの バスは ありますか。
도심까지 가는 버스는 있습니까?

신 쥬꾸 유 키 노 바 스 노 리 바 와 도 꼬 데 스 까
❸ 新宿行きの バス乗り場は どこですか。
신쥬쿠 가는 버스는 어디서 탑니까?

비 쥬쯔 캉 에 이 코 - 토 시 떼 이 마 스 가
❹ 美術館へ 行こうと して いますが。
미술관에 가려고 합니다만.

고 꼬 까 라 도 노 쿠 라 이 아 리 마 스 까
❺ ここから どのくらい ありますか。
앞으로 얼마나 더 갑니까?

연습

A : ＿＿＿＿＿＿＿＿＿＿＿＿＿＿＿＿。

B : はい、行<ruby>い</ruby>きます。

A : 赤坂<ruby>あかさか</ruby>は いくつ目<ruby>め</ruby>ですか。

B : 3番目<ruby>ばんめ</ruby>の 停留所<ruby>ていりゅうじょ</ruby>で 降<ruby>お</ruby>りて くださ
い。

알아두기

▶ 버스를 놓친 경우 「次(つぎ)の バスは 何時(なんじ)ですか(다음
버스는 언제 있어요?)」라고 말하면 됩니다. 「10분 간격으로 버스
가 있어요」는 「시간을 나타내는 말+〜おきに (〜간격으로)」의
형태를 취하여 「10分(じゅっぷん) おきに バスが あります」라고
합니다.

한자읽기 赤坂(あかさか) / 乗(の)り場(ば) / 都心(としん) / 新宿行(しんじゅくゆ）
き / 美術館(びじゅつかん) / 停留所(ていりゅうじょ) / 降(お)りる

Basic Pattern

5

동물원은 몇 번째 정류장입니까?

_{도-부쯔 엥 와   이 꾸 쯔 메 데 스 까}
A : 動物園は いくつめですか。

_{나나 밤 메 노   테-류-죠 데 스}
B : 7番目の 停留所です。

A : 동물원은 몇 번째 정류장입니까?

B : 7번째 정류장입니다.

➜ 내리는 곳을 모르는 경우 운전사 아저씨에게 「そこに ついたら 教(おし)えて ください(거기에 도착하면 가르쳐 주세요)」라고 미리 말해두면 편하겠지요.

_{도 꼬 데   오 리 레 바   이- 데 스 까}
❶ どこで 降りれば いいですか。

어디서 내리면 됩니까?

_{나니 까   메지루시니   나 루 모 노 와   아 리 마 셍   까}
❷ 何か 目印に なるものは ありませんか。

뭔가 표적이 될 만한 것은 없습니까?

_{슈- 덴 데   오 리 떼   쿠 다 사 이}
❸ 終点で 降りて ください。

종점에서 내리세요.

_{츠기 노   테-류-죠 데   오 리 마 스}
❹ 次の 停留所で 降ります。

다음 정류장에서 내립니다.

연습

A : あの、すみません。

B : はい。

A : _________________________。

B : 7番目の 停留所です。
　　（ばんめ）　（ていりゅうじょ）

A : どうも ありがとう ございます。

해석

A : 저, 실례합니다.

B : 네.

A : 동물원은 몇 번째 정류장입니까?

B : 7번째 정류장입니다.

A : 감사합니다.

알아두기

▶ 목적지에 다다라서 내릴 때는 「すみません、おります(죄송합니다, 내려요)」라고 말하며 내리면 됩니다. 또 목적지를 지나쳤을 때에는 「すみません、乗(の)り越(こ)しです(저, 지나쳤어요)」라고 합니다.

한자읽기 動物園(どうぶつえん) / 7番目(ななばんめ) / 停留所(ていりゅうじょ) / 目印(めじるし) / 終点(しゅうてん) / 次(つぎ)

11
교통 · 길묻기

Basic Pattern

6
어디에서 갈아타나요?

A : どこで 乗り換えたら いいですか。
B : 三島駅で 乗り換えて ください。

A : 어디서 갈아타면 되나요?
B : 미시마역에서 갈아타세요.

→ 「乗り換える(갈아타다)＋たら(~면)」는 가정의 뜻을 나타내는 말로 「乗り換えれば」로 활용해도 같은 뜻입니다.

관련표현

❶ 東京タワーへは 地下鉄で 行けますか。
도쿄타워는 지하철로 갈 수 있습니까?

❷ 秋葉原へ いくなら 山の手線が 便利です。
아키하바라에 가려면 야마노테선이 편리합니다.

❸ 丸ノ内の 出口は どこですか。
마루노우치의 출구는 어디입니까?

❹ 地下鉄は 何時に なると なくなりますか。
지하철은 몇 시가 되면 끊깁니까?

❺ 路線を 間違えました。
노선을 잘못 탔어요.

연습

A : すみません、ちょっと おたずね
します。

B : はい、なんですか。

A : 富士山（ふじさん）に 行（い）くには ＿＿＿＿＿＿＿＿

＿＿＿＿＿＿＿＿。

B : 三島駅（みしまえき）で バスに 乗（の）り換（か）えて く
ださい。

해석

A : 실례합니다, 잠시 말씀 좀 묻겠습니다.

B : 네, 뭔데요?

A : 후지산에 가려면 어디서 갈아타면 됩니까?

B : 미시마역에서 버스로 갈아타세요.

 ## 알아두기

▶ 「첫차는 몇 시에요?」는 「始発（しはつ）は 何時ですか」, 「막차는 벌써 떠났어요?」는 「終電（しゅうでん）は もう 出（で）ましたか」라고 표현합니다.

한자읽기	乗（の）り換（か）える / 三島駅（みしまえき） / 地下鉄（ちかてつ） / 秋葉原（あきはばら） / 山（やま）の手線（てせん） / 便利（べんり） / 丸（まる）ノ内（うち） / 出口（でぐち） / 路線（ろせん） / 間違（まちが）える / 富士山（ふじさん）

Basic Pattern 7

교토행 열차는 몇 시 것이 있나요?

A : 京都行きの 列車は 何時のが あり
ますか。

B : 10時30分発のが あります。

A : 교토행 열차는 몇 시 것이 있습니까?
B : 10시 30분발이 있습니다.

➡ 「何時の」의 の는 「の 列車」가 생략된 형입니다. 아래 문장의 「30分発の」에서의 の도 마찬가지입니다.

관련표현

❶ 京都まで おねがいします。
교토까지 부탁드립니다.

❷ 京都まで いくらですか。
교토까지 얼마입니까?

❸ 往復で ください。
왕복으로 부탁드립니다.

❹ 時刻表を くださいませんか。
시간표를 주시지 않겠습니까?

❺ 座席の 予約は 必要ですか。
좌석을 예약해야 합니까?

연습

A : 京都行きの 列車は 何時のが あ
りますか。

B : ＿＿＿＿＿＿＿＿＿＿＿＿。

A : 片道で いくらですか。

B : 指定席は 2万円、自由席は 1万
7千円です。

해석

A : 교토행 열차는 몇 시
것이 있습니까?

B : 10시 30분발이 있습
니다.

A : 편도로 얼마입니까?

B : 지정석은 2만 엔, 자
유석은 1만 7천 엔
입니다.

알아두기

▶ 열차를 예약할 때 특별히 원하는 좌석이 있을 경우 「窓側(まどが
わ)の 席(せき)を おねがい します(창가쪽 좌석을 주세요)」,「通
路側(つうろがわ)の 席を おねがい します(통로쪽 좌석을 주세
요)」,「禁煙車(きんえんしゃ)を おねがい します(금연차로 해주
세요)」 등으로 말하고 「좀더 빠른 것은 없습니까?」라고 할 때에
는 「もっと 早(はや)いのは ありませんか」라고 하면 됩니다.

한자읽기 京都行(きょうとゆ)き / 列車(れっしゃ) / 10時30分発(じゅうじさんじゅっ
ぷんはつ) / 往復(おうふく) / 時刻表(じこくひょう) / 座席(ざせき) / 予
約(よやく) / 必要(ひつよう) / 片道(かたみち) / 指定席(していせき) / 万
(まん) / 自由席(じゆうせき) / 1万7千円(いちまんななせんえん)

Basic Pattern

8

이거 교토행입니까?

A : これは 京都行きですか。

B : はい、そうです。

A : 이거 교토행입니까?

B : 네, 그렇습니다.

→ 「~행」이라고 할 때 쓰이는 「~行き」는 ~ゆき로 읽어줍니다. 비슷한 말로 「이 열차 ~에 섭니까?」라는 말은 「この 列車(れっしゃ)は ~に とまりますか」라고 합니다.

관련표현

❶ あと どれぐらいで 京都ですか。

　얼마를 더 가면 교토입니까?

❷ ここに どれくらい 停車しますか。

　여기에 얼마 정도 정차합니까?

❸ この 席は 空いて いますか。

　이 자리 비어 있습니까?

❹ ここは わたしの 席なんですが。

　여기 제자리인데요.

❺ 次は どこの 駅ですか。

　다음 역은 어디입니까?

연습

A : ここに 座<ruby>すわ</ruby>っても いいですか。

B : はい、どうぞ。

A : ________________。

B : はい、そうです。

A : 여기에 앉아도 됩니까?

B : 네.

A : 이거 교토행입니까?

B : 네, 그렇습니다.

알아두기

▶ 열차를 탔는데 표를 잃어버린 경우 「切符(きっぷ)를 なくして しまいました(표를 잃어버렸어요)」, 물건을 분실한 경우 「列車(れっしゃ)に 忘(わす)れ物(もの)を して しまいました(열차에 물건을 놓고 내렸어요)」라고 하면 됩니다. 또한 일행과 떨어져 앉게 되었을 때 「すみませんが、席(せき)を 替(かわ)って いただけませんか(죄송합니다만, 자리를 바꿔주시지 않겠습니까?)」라고 말하고 양해를 구할 수 있습니다.

한자읽기 京都行(きょうとゆ)き / 停車(ていしゃ) / 席(せき) / 空(あ)く / 次(つぎ) / 駅(えき) / 座(すわ)る

Basic Pattern

9

한국어 신문 있습니까?

A : 韓国語の 新聞は ありますか。
(강 코쿠 고 노 심 붕 와 아 리 마 스 까)

B : はい、あります。
(하 이 아 리 마 스)

A : 한국어 신문 있습니까?
B : 네, 있습니다.

→ 「한국어 잡지 있습니까?」는 「韓国語(かんこくご)の ざっしは ありませんか」, 「한국어판 없습니까?」는 「韓国語版(かんこくごばん) ありませんか」라고 합니다.

관련표현

❶ カウンターは どこですか。
(카 운 타- 와 도 꼬 데 스 까)

　カウンター는 어디입니까?(비행기 체크인할 때)

❷ あと どれぐらいで 成田に 着きますか。
(아 토 도 레 구 라 이 데 나리 타 니 츠 끼 마 스 까)

　앞으로 얼마를 더 가면 나리타 공항에 도착합니까?

❸ 飛行機に 酔った みたいです。
(히 코- 끼 니 욧 따 미 따 이 데 스)

　비행기멀미 같아요.

❹ ちょっと 通して くださいませんか。
(쵸ㅅ 또 토- 시 떼 쿠 다 사 이 마 셍 까)

　좀 지나가겠습니다.

❺ 荷物は 全部で 2個です。
(니 모 쯔 와 젬 부 데 니 코 데 스)

　짐은 전부 두 개입니다.

연습

A : あのう、すみませんが。＿＿＿＿＿

＿＿＿＿＿＿＿。

B : はい、あります。すぐ お持ちし

ます。その ほかに 必要な もの

は ありませんか。

A : 免税品を 買いたいんですが。

B : はい、かしこまりました。

알아두기

▶ 중요어구

出発(しゅっぱつ)時間 / 출발시간	航空券(こうくうけん)/ 항공권
搭乗口(とうじょうぐち) / 탑승구	ビジネスクラス / 비즈니스석
エコノミークラス / 이코노미석	機内食(きないしょく) / 기내식
スチュワーデス / 스튜어디스	禁煙席(きんえんせき) / 금연석
窓側(まどがわ)の席(せき) / 창가석	通路側(つうろうがわ)の席 / 통로석

한자읽기 韓国語(かんこくご) / 新聞(しんぶん) / 成田(なりた) / 着(つ)く / 飛行機
(ひこうき) / 酔(よ)う / 通(とお)す / 荷物(にもつ) / 全部(ぜんぶ) / 2個(に
こ) / 持(も)つ / 必要(ひつよう) / 免税品(めんぜいひん) / 買(か)う

Basic Pattern

10

시부야역까지 가 주세요.

A : 渋谷駅まで おねがいします。
B : はい、かしこまりました。

A : 시부야역까지 가주세요.
B : 네, 알겠습니다.

➜ 「かしこまりました」는 「わかりました」의 공손한 말로 「알겠습니다/분부대로 하겠습니다」의 뜻입니다. 「어디서 택시를 잡을 수 있습니까?」는 「拾(ひろ)う」를 써서 「どこで タクシーを 拾えますか」라고 합니다.

❶ タクシー乗り場は どこですか。

택시 타는 곳은 어디입니까?

❷ これが わたしの 荷物です。

이것이 제 짐입니다.

❸ 東京駅まで 行って ください。

도쿄역까지 가 주세요.

❹ ここで 待って いて くださいませんか。

여기서 기다려 주시지 않겠습니까?

❺ あそこで 止めて くれますか。

저기서 세워 주시겠습니까?

연습

A : どちらまでですか。

B : ______________。

A : はい、かしこまりました。

알아두기

▶ 일본에서야 이런 일이 있을 리 없겠지만 만약 요금이 미터와 다
를 때에는 「料金(りょうきん)が メーターと 違(ちが)います」라
고 합니다. 내릴 때에는 「おつりは 取(と)って おいて ください
(잔돈은 챙겨 두세요)」라고 말할 수 있습니다. 「できるだけ 急(い
そ)いで ください (서둘러 주세요)」라는 말은 여간 급한 상황이
아니어서는 쓰지 않는 편이 낫겠죠.

한자읽기 渋谷駅(しぶやえき) / 乗(の)り場(ば) / 荷物(にもつ) / 待(ま)つ / 止(と)
める

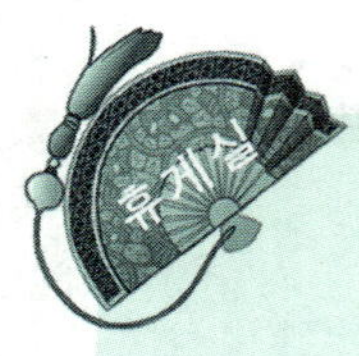

刺身(사시미)

생선회를 뜻하는 '刺身'라는 말이 이제는 세계적으로 통용되는 말이 되었을 만큼 일본의 음식에서 생선회를 빼놓을 수 없습니다.

일본에서 먹는 생선회는 가격이 꽤 비싼데 얇게 썰어 놓는 우리나라 생선회와 달리 생선살이 도톰합니다. 생선회는 가장 맛있게 먹기 위해서 흰살생선, 등푸른생선, 붉은살생선의 순서로 먹는데 와사비를 푼 간장에 찍어 먹으며 썰어놓여진 결따라 접시에 놓아진 오른쪽에서 왼쪽방향순서로 먹습니다. 그리고 하나를 먹고 나서는 생강 저며놓은 것을 씹어 입안의 잔맛을 없애주고 다른 회를 먹습니다. 보통은 젓가락으로 먹지만 원래는 손으로 집어먹는 것입니다.

제 12 장

부탁 · 요청

1. 잠깐 기다리세요.
2. 천천히라면 가도 되겠지요?
3. 이 책을 빌려도 될까요?
4. 빨리 출발하는 편이 낫겠지요?
5. 다시 한번 말해 주세요.
6. 셔터를 눌러주시겠습니까?

Basic Pattern

1

잠깐 기다리세요.

^{쵸ㅅ} ^또 ^{맛 떼} ^{쿠 다 사 이}
A：ちょっと 待って ください。
^{고 꼬데} ^{맛 떼}^{이마스}
B：ここで 待って います。

A : 잠깐 기다리세요.
B : 여기서 기다리고 있겠습니다.

➡ 「待って います」는 직역하자면 「기다리고 있습니다」이지만 기다리고 있겠다는 미래형 의지의 뜻입니다. 일본어 동사에는 미래형이 따로 없이 현재형이 미래형으로 쓰이기 때문에 현재형인지 미래형인지는 문맥을 통해 파악해야 합니다.

^{맛 떼떼}
❶ まってて。
기다리고 있어.

^{쵸ㅅ} ^또 ^{맛 떼}
❷ ちょっと まって。
잠깐 기다려.

^{고 꼬데 오 마 찌 쿠 다 사 이}
❸ ここで おまち ください。
여기서 기다려 주세요.

^{오 마 찌 이 타 시 마 스}
❹ おまち いたします。
기다리고 있겠습니다.

연습

A : ＿＿＿＿＿＿＿＿＿。

B : どうしたんですか。

A : キーを 忘(わす)れました。

B : じゃ、ここで 待(ま)って います。

해석

A : 좀 기다려 주세요.

B : 왜 그러세요?

A : 열쇠를 잊고 왔어요.

B : 그럼 여기서 기다리고 있겠습니다.

알아두기

▶ 「～て ください(～해 주세요)」는 일본어 학습자들이 많이 접하는 표현양식이지만 손윗사람에게 정중하게 쓰기에는 좀 무례하게 들릴 수 있는 말입니다. 명령조의 느낌을 가지고 있기 때문입니다. 이보다는 「～て くださいませんか(～해 주시지 않겠어요?)」가 부드러운 어감을 갖고 있습니다.

한자읽기 待(ま)つ / 忘(わす)れる

Basic Pattern 2

천천히라면 가도 되겠지요?

A : ゆっくりなら 行っても いいで
しょう。
B : いいえ、とまらなければ いけま
せん。

A : 천천히라면 가도 되겠지요?
B : 아니오, 멈추지 않으면 안됩니다.

➡ 「〜ても いい」는 「〜해도 된다」는 허락 · 허가의 뜻이고 「〜しな
ければ いけません」은 「〜하지 않으면 안된다」 즉, 「〜해야만 한
다」는 의무의 뜻입니다.

관련표현

❶ タバコを 吸っても いいですか。
담배를 피워도 됩니까?

❷ よそみを しては いけません。
한눈을 팔아서는 안됩니다.

❸ いいです。 괜찮습니다(허락하는 의미).

❹ だめです。 안됩니다.

198

연습

A : これは どういう 信号ですか。

B : とまりなさいと いう 信号です。

A : ＿＿＿＿＿＿＿＿＿＿＿＿＿＿＿＿。

B : いいえ、とまらなければ いけま
せん。

알아두기

▶ 허가나 의무에 관한 문형을 정리해 봅시다.
① ~해도 좋습니다는 「~ても いいです」
② ~해서는 안됩니다는 「~ては いけません」, 보다 부드러운 금
지의 표현으로는 「~ないで ください」가 있습니다.
③ ~하지 않으면 안됩니다(~해야 합니다)는 「~なければ なり
ません」
④ ~하지 않아도 좋습니다는 「~なくても いいです[かまいませ
ん]」로 말합니다.

한자읽기 吸(す)う

Basic Pattern 3

이 책을 빌려도 될까요?

A : この 本を 借りても いいですか。
B : はい、 どうぞ。

A : 이 책을 빌려도 됩니까?
B : 네 (빌리세요).

➡ 상대방이 어떤 부탁이나 요청을 해온 경우 허락을 한다면 「はい、どうぞ (네, 그러세요)」라고 말합니다.

① ちょっと ペンを とって くださいませんか。
펜 좀 집어주시지 않겠습니까?

② ちょっと その 辞書を 貸して ください。
그 사전 좀 빌려주세요.

③ なるべく はやく おねがい します。
가능한 한 빨리 부탁합니다.

④ わたしにも 見せて ください。
제게도 보여주세요.

⑤ お知らせ ください。
알려주세요.

연습

A : あのう、すみません。

B : はい。

A : _______________________。

B : はい、どうぞ。

A : 저 -, 실례합니다.

B : 네.

A : *이 책을 빌려도 됩니까?*

B : 네 (빌리세요).

12

부탁 · 요청

한자읽기 本(ほん) / 借(か)りる / 辞書(じしょ) / 貸(か)す / 見(み)せる / 知(し)らせる

Basic Pattern *4*

빨리 출발하는 편이 낫겠지요?

A : 早^{하야}く 出発^{슈ㅂ빠츠}した^{시 따} ほう^{호-}が^가 いい^이で^데しょう^{쇼-}。

B : ええ^{에-}、そう^{소-}し^시ま^마しょう^{쇼-}。

A : 빨리 출발하는 편이 낫겠지요?
B : 네, 그렇게 합시다.

➡ 위의 문장은 「早(はや)めに 行(い)った ほうが いいでしょう(빨리 가는 편이 낫겠지요)」로도 말할 수 있습니다. 「そうしましょう」는 다른 사람의 의견에 동조할 때 쓰이는 표현으로 「そうしよう」라고도 말합니다.

❶ 準備^{쥼비}して^{시떼} おいた^{오이따} ほう^{호-}が^가 いい^이で^데しょう^{쇼-}。

준비해 두는 편이 좋겠지요?

❷ いきません^{이 끼마 셍}か^까。

갈까요?

❸ 時間^{지 캉}が^가 とても^{도 테 모} きつい^{키 츠 이}です^{데스}。

시간이 매우 빡빡합니다.

❹ その^{소 노} とおり^{토- 리} しよう^{시 요-}。

그대로 하자.

연습

A : 韓国の ラッシュアワーは ひどい
  ですね。

B : そうですね。

A : じゃ、ちょっと ＿＿＿＿＿＿＿＿

  ＿＿＿＿＿＿。

B : ええ、そうしましょう。

한자읽기 早(はや)い / 出発(しゅっぱつ) / 準備(じゅんび) / 時間(じかん) / 韓国
(かんこく)

Basic Pattern 5

다시 한번 말해 주세요.

> A : もう 一度 いって ください。
> 모- 이치 도 잇 떼 쿠 다 사 이
>
> B : おおやまゆきおです。
> 오- 야 마 유 키 오 데 스
>
> A : 다시 한번 말해 주세요.
> B : 오오야마 유키오입니다.

➡ 같은 뜻이지만 좀더 정중하게 말할 때에는 「もう 一度(いちど) おっしゃって くださいませんか(다시 한번 말씀해 주시지 않겠습니까?)」라고 합니다.

관련표현

❶ よく きこえません。
요쿠 키코에마 셍
잘 들리지 않습니다.

❷ もっと 大きい 声で いって ください。
못 또 오- 끼- 코에데 잇 떼 쿠 다 사 이
좀더 큰소리로 말해 주세요.

❸ もう 一度 説明して ください。
모- 이치 도 세츠메-시 떼 쿠 다 사 이
다시 한번 설명해 주세요.

❹ わかりました。
와 까 리 마 시 타
알겠습니다.

❺ これから 気を つけます。
고 레 까 라 키 오 츠 케 마 스
앞으로 주의하겠습니다.

연습 | 해석

A : お名前(なまえ)は。

B : 大山由紀夫(おおやまゆきお)です。

A : おそれいりますが、＿＿＿＿＿

＿＿＿＿。

B : お・お・や・ま・ゆ・き・おで
す。

해석

A : 성함이 어떻게 되시
지요?

B : 오오야마 유키오입
니다.

A : 죄송합니다만, <u>이름
을 다시 한번 말씀
해 주십시오.</u>

B : 오・오・야・마・
유・키・오입니다.

알아두기

▶ 상대방의 말이 너무 빨라서 알아듣지 못하겠을 때에는 「もっと
ゆっくり 話(はな)して ください (좀더 천천히 이야기해 주세
요)」,「早(はや)すぎて 聞(き)き 取(と)れませんでした (너무 빨
라서 알아듣지 못했습니다)」라고 하면 됩니다.

한자읽기 一度(いちど) / 声(こえ) / 気(き)を つける / 説明(せつめい) / 名前(なま
え) / 大山由紀夫(おおやまゆきお)

Basic Pattern

6
셔터를 눌러주시겠습니까?

A : シャッターを 押して もらえますか。
B : はい。

A : 셔터를 눌러주시겠습니까?
B : 네.

「〜して もらえますか」는 「〜해 주시겠습니까?」의 표현입니다.
「〜して くれませんか」라고도 합니다.

관련표현

❶ ビデオを 回しても いいでしょうか。
비디오 촬영을 해도 되나요?

❷ 一緒に 写真、とりませんか。
같이 사진 찍지 않으실래요?

❸ じゃ、わらって ください。チーズ！
자, 웃으세요, 치즈!

❹ 後で 送りますよ。
나중에 보내드릴게요.

❺ この カメラに フィルムを セットして ください。
이 카메라에 필름을 끼워 주세요.

연습

A : あのう、すみません。

B : はい、なんでしょうか。

A : ＿＿＿＿＿＿＿＿＿。

B : はい、どうすれば いいですか。

A : ここを おすだけです。

해석

A : 저, 실례합니다.

B : 네, 뭡니까?

A : <u>셔터를 눌러주시겠습니까?</u>

B : 네, 어떻게 하면 됩니까?

A : 여기를 누르기만 하면 됩니다.

 알아두기

▶ 자동카메라는 「オートフォーカス」라 하고 「줌 기능이 있어요」는 「ズーム機能(きのう)が ついて います」라고 합니다. 또 「36방짜리 필름을 주세요」는 「36枚撮(まいど)りの フィルムをください」이고, 카메라 건전지를 사야 할 때에는 「カメラの 電池(でんち) ありますか(카메라 건전지 있나요?)」라고 합니다.

한자읽기 押(お)す / 回(まわ)す / 一緒(いっしょ) / 写真(しゃしん) / 後(あと) / 送(おく)る / 電池(でんち)

일본의 TV

　해마다 12월 31일 밤이 되면 일본 NHK-TV에서 하는 '홍백가합전(紅白歌合戰)'이라는 프로그램이 있습니다. 우리나라 말로 하자면 '홍백 노래대결'쯤 되겠는데 일본의 가수들이 여자대 남자로 한팀은 홍팀, 한팀은 백팀으로 나뉘어 노래대결을 하는 프로그램입니다.

　일본의 국민 프로그램이라 할 수 있겠는데 화려한 의상과 그에 못지않은 노래에 간간히 리허설 과정이나 에피소드, 옛날에 출연한 가수들의 필름도 볼 수 있습니다. 이 프로그램의 시청률 또한 만만치 않아서 50퍼센트를 넘나들을 정도입니다. 가수들의 구성도 우리나라 트롯트 가수에 해당하는 엔카가수와 신세대 아이돌스타가 함께 어우러져 치열한 노래접전을 벌입니다. 우리가 잘 아는 아무로 나미에도 이 프로그램을 통하여 복귀무대를 마련하였죠.

여러가지 표현

Basic Pattern　*1*

저 뚱뚱한 사람은 누구입니까?

^{아 노} ^{후톳 테} ^{이루} ^{히 토 와} ^{도 나 따}
A : あの　太って　いる　ひとは　どなた

^{데 스 까}
　　 です か。

^{후미 코　산 데 스}
B : 文子さんです。

A : 저 뚱뚱한 사람은 누구입니까?

B : 후미코씨입니다.

➜ 「뚱뚱하다, 야위다」 등의 표현은 「～て いる」형을 취합니다.

관련표현

^{케 - 코　상　와　야 세 떼　이 마 스}
❶ 恵子さんは　やせて　います。

케이코씨는 말랐습니다.

^{와 따 시 와　케 - 코　상　요 리　후톳 테　이 마 스}
❷ わたしは　恵子さんより　太って　います。

저는 케이코씨보다 뚱뚱합니다.

^{이 토 -　상　와　세 - 가　다카 이 히쿠 이 데 스}
❸ 伊藤さんは　背が　高い[低い]です。

이토오씨는 키가 큽[작습]니다.

^{신 쵸 - 와　이치 메 -　토 루　로꾸쥬ㅅ 센　치 데 스}
❹ 身長は　１メートル　６０センチです。

신장은 1미터 60센티입니다.

^{타 이 쥬 - 와　고 쥬ㄱ 키 로 데 스}
❺ 体重は　５０キロです。

체중은 50킬로입니다.

연습

A : ＿＿＿＿＿＿＿＿＿＿＿＿＿。

B : 文子さんです。

A : あの めがねを かけて いる ひと
　　は どなたですか。

B : 文子さんの お兄さんです。

A : 저 뚱뚱한 사람은 누
　　구입니까?

B : 후미코씨입니다.

A : 저 안경 쓴 사람은
　　누구입니까?

B : 후미코씨의 오빠입
　　니다.

알아두기

▶ 어느 나라에서건 특히 여성들에게 있어 듣기 좋아하는 칭찬 중에
하나가 「날씬하네요」일 것입니다. 이것은 일본어로 「スマートで
すね」 또는 「スタイルが いいですね」라고 합니다.

한자읽기 太(ふと)る / 文子(ふみこ) / 恵子(けいこ) / 伊藤(いとう) / 背(せい)が 高
(たか)い / 低(ひく)い / 身長(しんちょう) / 体重(たいじゅう)

Basic Pattern

2

배고프지요?

A : おなかが すきましたね。
B : ええ、とっても。

A : 배고프지요?

B : 네, 무척.

→ 「배가 고프다」의 관용구는 「おなかが すく[減(へ)る]」이며 반대로 「배가 부르다」는 「おなかが いっぱいだ」입니다. 「とっても」는 「とても」에 촉음이 붙어 그 뜻을 더욱 강조하는 말입니다.

13

여러가지 표현

관련표현

❶ のどが 渇いて います。

　목이 마릅니다.

❷ おなかが 減って います。

　배가 고픕니다.

❸ 実は ぺこぺこなんです。

　실은 배고파 죽겠습니다.

❹ トイレに いきたいのです。

　화장실에 가고 싶습니다.

❺ すっごく 疲れた。

　되게 피곤해.

연습

A : ＿＿＿＿＿＿＿＿＿＿。

B : ええ、とっても。

A : 近_{ちか}くの そばやへ 食_たべに 行_いきま

しょうか。

B : ええ、そう しましょう。

알아두기

▶ 「〜に 行(い)く (〜하러 간다)」는 「〜에 간다」가 아닌 「〜하러 간
다」의 뜻으로, 여기에서의 「に」는 목적의 의미를 가집니다.
  ・遊(あそ)びに 行きます。(놀러 갑니다)
  ・旅行(りょこう)に 行きます。(여행하러 갑니다)

한자읽기 渴(かわ)く / 減(へ)る / 実(じつ) / 疲(つか)れる / 近(ちか)く / 食(た)べ
る / 行(い)く

Basic Pattern 3

건강해져서 다행이네요.

A : 体の 具合が 悪くて 入院していました。

B : お元気に なられて よかったですね。

A : 몸이 안 좋아서 입원해 있었습니다.

B : 건강해져서 다행이군요.

➡ 「몸이 안좋다/아프다」는 「体(からだ)の 具合(ぐあい)が 悪(わる)い」라고 합니다. 「お元気(げんき)に なられて」는 「元気に なって」의 존경 표현입니다.

관련표현

❶ ほっと しました。

한숨 놓았습니다.

❷ 体の調子は どうですか。

몸은 어떠세요?

❸ 少し [だいぶ] よく なりました。

조금[많이] 나아졌습니다.

❹ お体 お大事に。

몸조심하세요.

연습

A : 顔色（かおいろ）が よく ないですね。

B : 体（からだ）の具合（ぐあい）が 悪（わる）くて 一週間（いっしゅうかん）ほど 入院（にゅういん）して いました。

A : えっ、いまは。

B : いまは よく なりました。

A : でも ＿＿＿＿＿＿＿＿＿＿＿＿。

해석

A : 안색이 안 좋군요.

B : 아파서 일주일 정도 입원해 있었어요.

A : 네? 지금은요?

B : 지금은 좋아졌어요.

A : 그래도 _건강해져서 다행이군요._

한자읽기 体(からだ) / 具合(ぐあい) / 悪(わる)い / 入院(にゅういん) / 元気(げんき) / 調子(ちょうし) / 少(すこ)し / 大事(だいじ) / 顔色(かおいろ) / 一週間(いっしゅうかん)

13
여러가지 표현

4
열심히 하세요.

A : 急がないと 間に 合いません。
B : じゃ、がんばってね。

A : 서두르지 않으면 시간에 대지 못하겠습니다.
B : 자, 열심히 하세요.

➡ 「がんばる(분발하다)」는 열심히 하라고 용기를 북돋워 줄 때 쓰는 말입니다.

관련표현

❶ がんばれ！

힘내(열심히 해)!

❷ がんばって ください。

힘내세요.

❸ 勇気を 出して。

용기를 내.

❹ がっかり しないで。

실망하지 마.

❺ 精一杯 やって 見よう。

힘껏 해보자.

216

연습

A : 締切(しめきり)は いつですか。

B : 二十日(はつか)です。

A : 二日(ふつか)しか ありませんね。

B : _______________________。

A : じゃ、頑張(がんば)ってね。

해석

A : 마감은 언제입니까?

B : 20일입니다.

A : 이틀밖에 안 남았네요.

B : 서두르지 않으면 시간에 댈 수 없습니다.

A : 그럼, 힘내세요.

알아두기

▶ 자신의 기분을 표현하는 몇 가지 말을 알아볼까요?

· いま ハッピーな 気分(きぶん)です。 (지금 행복합니다)

· 落(お)ち込(こ)んでるよ。 (기분이 우울해요)

· 小(ちい)さな ことに 傷(きず)つきました。 (사소한 일에 상처 받았습니다)

한자읽기 急(いそ)ぐ / 間(ま) / 合(あ)う / 勇気(ゆうき) / 出(だ)す / 精一杯(せいいっぱい) / 締切(しめきり) / 二十日(はつか) / 二日(ふつか) / 頑張(がんば)る

Basic Pattern

5

대단하네요.

고 레　　와 따 시 가　　쯔꿋　 딴　데 스 가
A : これ、わたしが 作ったんですが。

스 고 이 데 스 네　 오 이 시 소- 다 나
B : すごいですね。 おいしそうだな。

A : 이것 제가 만든 것입니다만.

B : 대단하군요. 맛있겠는걸.

➡ 어떤 사건이나 상황을 두고 감탄할 때는 「すごい」라는 말을 가장 많이 씁니다. 「えらい」도 비슷한 말입니다.

관련표현

에 라 이 데 스 네
❶ えらいですね。

　대단하네요.

스 바 라 시- 데 스 네
❷ すばらしいですね。

　훌륭하네요.

나 루 호 도
❸ なるほど。

　과연.

얍 빠 리 네
❹ やっぱりね。

　역시 그렇군요.

키 니　 잇 떼　 이 마 스
❺ 気に 入って います。

　마음에 듭니다.

연습

A : これ、全部 恵美さんが 作ったん
ですか。

B : はい。

A : ＿＿＿＿＿＿＿＿＿。おいしそうだ
な。

B : お口に 合いますか。

A : うん、おいしいですよ。ほんと
うに。

해석	

A : 이것 전부 메구미씨
가 만든 건가요?

B : 네.

A : <u>대단하군요. 맛있겠
는걸.</u>

B : 입에 맞습니까?

A : 네, 맛있어요. 정말.

알아두기

▶ 긍정을 나타내는 대답인 「はい」의 회화적 표현은 「ええ / うん」이
고 부정을 나타내는 「いいえ」의 경우는 「ううん」입니다.

한자읽기 作(つく)る / 気(き) / 入(い)る / 全部(ぜんぶ) / 恵美(めぐみ) / 口(くち)
/ 合(あ)う

Basic Pattern

6

이런, 아뿔싸!

A : うわっ、しまった。
B : どうしたんですか。

A : 아, 큰일났다!
B : 왜 그러는데요?

➡ 「しまった(아뿔싸)」는 갑자기 낭패를 겪은 경우 순간적으로 내뱉는 말입니다. 비슷한 말로 「たいへんだ(큰일이다)」도 있는데 「たいへんだ」는 자신의 곤란한 상황 뿐 아니라 타인의 상황에도 쓰는 말입니다.

관련표현

❶ あれ、たいへんだ。
　아, 큰일이다.

❷ ほんとうに いやですね。
　정말 싫어요.

❸ まいっちゃった。(질린다는 뜻)
　졌다 졌어.

❹ つまらない！
　시시해!

❺ 落ち着いて ください。
　진정하세요.

연습

A : ＿＿＿＿＿＿＿＿＿＿。

B : どうしたんですか。

A : 眼鏡を 忘れて きました。10時か ら 試験なのに…。

B : それは たいへんですね。

해석

A : <u>아, 큰일났다!</u>

B : 왜 그러는데요?

A : 안경을 잊고 안 가지고 왔어요. 10시부터 시험인데….

B : 그것 큰일이군요.

알아두기

▶ 감정표현을 나타내는 말 중 옆사람이 귀찮게 느껴져서 「귀찮아!」라고 할 때는 「うるさいなあ！」라 하고 「이제 지겨워」는 「もう うんざりだ」라고 합니다. 「혼자 내버려 둬!」는 「ほっと いて くれ /ひとりに して」라고 합니다. 재미있는 표현이지만 자주 쓰면 안 되겠지요.

한자읽기 落(お)ち着(つ)く /眼鏡(めがね) /忘(わす)れる /10時(じゅうじ) / 試験 (しけん)

マナー(매너)

일본인들은 사람을 만났을 때 한국인만큼은 악수를 자주 하는 편이 아닙니다. 그러나 만약 악수를 하게 되는 경우 손윗사람이 손을 먼저 내밀지 않는 한 먼저 손을 내밀어 악수를 청하지 않는 것이 좋습니다. 여성과의 악수 역시 상대가 요구할 때까지 손을 내밀지 않습니다. 그리고 사람을 처음 만나 명함을 주고받을 때는 오른손으로 주고 양손으로 받는 것이 좋으며 받아놓은 상대방의 명함을 탁자 위에 건성으로 올려놓는다거나 명함에 이것저것 써넣는다면 결례가 됩니다. 또 다른 사람의 사무실을 찾아가게 된 경우 사무실을 들어서기 전에 노크를 하는 것이 예의입니다. 그리고 상대방 앞에서 팔짱을 끼고 있는다거나 다리를 꼬고 앉는 것은 예의 없는 사람으로 보일 수 있으며 자리가 많은 곳에 앉게 되는 경우 출입구에서 멀리 떨어져 있는 곳이 상석이라는 것을 알아두면 좋습니다.

제 **14** 장

쇼핑

Basic Pattern

1
얼마입니까?

^{이 꾸 라 데 스 까}
A : いくらですか。

^{고 셍 엔 데 스}
B : 5 千円です。

A : 얼마입니까?
B : 5천 엔입니다.

▶ 「브랜드(ブランド)」를 좋아하는 일본인들이 쇼핑을 하면서 많이 쓰는 표현 중의 하나가 「どこのですか/어디 것입니까?」, 「これは 本物(ほんもの)[偽物(にせもの)]ですか/이것 진짜[가짜]입니까?」 라는 말입니다.

관련표현

❶ ^{나 니 오　오 사가 시 데　쇼 -　까}
なにを お探しでしょうか。
무엇을 찾으십니까?

❷ ^{고 레　히 토 츠　이 쿠 라 데 스 까}
これ、ひとつ いくらですか。
이것 하나에 얼마입니까?

❸ ^{젬 부 데　이 쿠 라 데 스 까}
全部で いくらですか。
전부 얼마입니까?

❹ ^{고 노　카 - 도 와　츠카 에 마 스 까}
この カードは 使えますか。
이 카드 쓸 수 있습니까?

연습

A : おみやげを 買^かいたいんですが。

B : これは いかがでしょうか。一番^{いちばん}
無難^{ぶなん}ですよ。

A : 高^{たか}そうに みえますが。 ＿＿＿＿＿

＿＿＿＿＿＿＿。

B : 5千円^{ごせんえん}です。

해석

A : 기념품을 사려고 합니다만.

B : 이건 어떠세요? 가장 무난해요.

A : 비싸게 보이는데요, 얼마입니까?

B : 5천 엔입니다.

알아두기

▶ 일본의 시장 같은 곳에서 상인들이 하는 말을 들어보면 「ほうれんそう、いかがですか/えび、いかがですか」식의 말을 많이 합니다. 「いかがですか」는 직역하면 「어떻습니까?/어떠세요?」이지만, 위의 말은 「시금치 사세요/새우 사세요」라는 말입니다. 살 마음이 없을 때는 「いらないです (필요없습니다)」보다 「まあ、いいですよ (뭐 됐습니다/괜찮습니다)」라고 말하는 편이 좀더 부드러운 표현입니다.

한자읽기 5千円(ごせんえん) / 探(さが)す / 全部(ぜんぶ) / 使(つか)える / 買(か)う / 一番(いちばん) / 高(たか)い / 無難(ぶなん)

Basic Pattern 2

다른 색은 없나요?

호 까 노　이 로 와　아 리 마　셍　까
A : ほかの いろは ありませんか。

쿠 로 또　아카 가　고 자 이 마 스
B : 黒と 赤が ございます。

A : 다른 색은 없습니까?

B : 검정과 빨강이 있습니다.

➤ 「ございます」는 「あります」의 존경어입니다. 여기서 「ほかの」 대신에 「違(ちが)う」를 써도 상관 없습니다. 예를 들어 「다른 디자인 없습니까?」는 「違う デザインは ありませんか」입니다.

관련표현

호 카 노 와　아 리 마 스 까
❶ ほかのは ありますか。

다른 것이 있습니까?

호 카 노　모 노 오　미 세 떼　쿠 다 사 이
❷ ほかの ものを みせて ください。

다른 것을 보여 주세요.

스꼬 시　치-사 이 노 와　아 리 마　셍　까
❸ 少し 小さいのは ありませんか。

좀 작은 것은 없습니까?

시 타 노　모 노 오　미 세 떼　쿠 다 사 이 마　셍　까
❹ 下の ものを みせて くださいませんか。

아래 것을 보여 주시지 않겠습니까?

연습

A : この デザインで __________。

B : はい。こちらの 黒(くろ)と 赤(あか)が ござ
います。

A : うん、赤(あか) ひとつ ください。

B : ありがとう ございます。

해석

A : 이 디자인으로 <u>다른 색은 없습니까?</u>

B : 네, 여기 검정과 빨강이 있습니다.

A : 음, 빨강을 하나 주세요.

B : 감사합니다.

알아두기

▶ 일본어로 대바겐세일은 「大安売り(おおやすうり)」라고 합니다. 그리고 백화점이나 할인매장에서 상품을 한시적으로 싸게 팔 때 쓰는 「오늘의 초특가상품」이라는 말은 일본어로 「お買(か)い得品(どくひん) / 今日(きょう)の目玉(めだま)」라고 합니다.

한자읽기 黒(くろ) / 赤(あか) / 少(すこ)し / 小(ちい)さい / 下(した)

227

Basic Pattern 3

좀더 싸게 해주시지 않겠습니까?

> A：もっと やすく して いただけま
> せんか。
> B：それじゃ、2900円に おまけいたし
> ます。
>
> A : 좀더 싸게 해주시지 않겠습니까?
> B : 그럼, 2900엔으로 깎아드리겠습니다.

➡ 물건의 값을 깎아달라고 할 때는 「もっと まけて ください / もっ
と やすく して ください」라고 하면 됩니다. 또 「べんきょう して
ください」란 말도 실생활에서 많이 쓰입니다.

❶ もっと やすいのは ありませんか。
좀더 싼 것은 없습니까?

❷ ばら売り してますか。
따로따로 팝니까?

❸ 袋を ください。 봉투 좀 주세요.

❹ それぞれ 一個ずつ ください。 각각 하나씩 주세요.

연습

A : これは いくらですか。

B : 3千円（さんぜんえん）です。

A : 高（たか）いですよ。もっと ＿＿＿＿＿

　　＿＿＿＿。

B : それじゃ、2900円（にせんきゅうひゃく えん）に おまけ

　　いたします。

A : 이건 얼마입니까?

B : 3천 엔입니다.

A : 비싸군요. 좀 싸게 해주시지 않겠습니까?

B : 그러면, 2900엔으로 깎아드리지요.

알아두기

▶ 식료품 이름

しょうゆ/간장	しお/소금	さとう/설탕
みそ/된장	あぶら/기름	じゃがいも/감자
にんじん/당근	ほうれんそう/시금치	さといも/토란
わさび/고추냉이	にんにく/마늘	しょうが/생강
たまねぎ/양파	豚肉(ぶたにく)/돼지고기	たまご/계란
のり/김	さかな/생선	うなぎ/장어
ふぐ/복	こむぎこ/밀가루	お米(こめ)/쌀

한자읽기 2900円(にせんきゅうひゃくえん)/ばら売(う)り/袋(ふくろ)/ 一個(いっこ)/3千円(さんぜんえん)/高(たか)い

14
쇼
핑

4

입어보세요.

오 타 메 시　쿠 다 사 이
A : おためし ください。

운　　　뻿　　따 리 다 와
B : うん。ぴったりだわ。

A : 입어보세요.

B : 음, 딱 맞네요.

➡ 옷 같은 것을 사러 가서 「입어봐도 되나요?」라고 할 때는 「試着 (しちゃく)しても いいですか」라고 합니다. 「ぴったり」는 「치수가 꼭 맞는다」는 뜻 외에 「딱 어울린다」의 뜻으로도 쓰입니다.

미 떼 이 루　다 께 데 스
❶ 見て いる だけです。

　그냥 보는 것입니다.

키 쯔 쿠 떼　하이 리 마　셍
❷ きつくて 入りません。

　꽉 껴서 안 들어가요.

사 이 즈 가　아 이 마　셍
❸ サイズが 合いません。

　사이즈가 안 맞아요.

오 - 끼 스 기 마 스
❹ 大きすぎます。

　너무 커요.

고 레 와　와 따 시 니 와　치 - 사 이 데 스
❺ これは わたしには 小さいです。

　이것은 저한테는 작습니다.

연습

A : ちょっと すみません。この デザ
インで あかいろ ありますか。

B : はい。こちらですが __________
________。

A : うん。ぴったりだわ。これを く
ださい。

B : はい。

알아두기

▶ 옷이나 악세사리 같은 것을 고르다가 「이거 제가 하면 이상하지
않을까요?」라는 말을 잘 하지요? 이 말은 일어로 「わたしが もっ
ても おかしく ないでしょうか」라고 합니다. 또 「너무 야한 것 같
아요」는 「派手(はで)すぎるような 感(かん)じが します」, 「너무
촌스러워요」는 「やぼったいです」입니다.

한자읽기 見(み)る / 入(い)る / 合(あ)う / 大(おお)きい / 小(ちい)さい

231

Basic Pattern 5

품절입니다.

A : シャネルの バッグ ありますか。
B : 今、品切れで ございます。

A : 샤넬 백 있습니까?
B : 지금 품절입니다.

➡ 품절이라는 말은 이외에도 「〜は 売(う)り切(き)れです/ ただい
ま 切(き)らして おります」 등이 있습니다.

관련표현

❶ ここで スカーフを 売って いますか。
　여기서 스카프를 팝니까?

❷ くつしたは どこで 売って いますか。
　양말은 어디서 팝니까?

❸ 男性用ですか 女性用ですか。
　남성용입니까, 여성용입니까?

❹ なるべく シンプルな ものが いいです。
　될 수 있으면 심플한 것이 좋습니다.

연습

A : あの、すみません。

B : はい。

A : シャネルの バッグ ありますか。

B : 申（もう）し訳（わけ） ございません。シャネル

　　の バッグは ＿＿＿＿＿＿＿＿。

알아두기

▶ 「~파는 곳」 할 때는 상품명 뒤에 「売（う）り場（ば）」를 붙여서 표
현합니다.

　　• 下着（したぎ）売り場は どこですか。

　　　（속옷 파는 곳은 어디입니까?）

　　• 靴（くつ）売り場は どこですか。

　　　（구두 파는 곳은 어디입니까?）

한자읽기 今（いま）/ 品切（しなぎ）れ / 売（う）る / 男性用（だんせいよう）/ 女性用
（じょせいよう）/ 申（もう）し訳（わけ）

해석

A : 저, 실례합니다.

B : 네.

A : 샤넬 백 있습니까?

B : 죄송합니다. 샤넬 백
은 지금 품절입니다.

Basic Pattern

6

이것으로 하겠습니다.

고 레 와   이 까 가 데   쇼-   까
A : これは いかがでしょうか。

고 레 니   시 마 스
B : これに します。

A : 이건 어떻습니까?

B : 이것으로 하겠습니다.

➤ 「~に します」는 무엇을 결정하거나 선택할 때 「~으로 하겠습니다」의 뜻으로 씁니다. 「~을 주세요」는 「~を ください」, 「~랑 ~랑 ~을 주세요」는 「~と ~と ~を ください」라고 합니다.

관련표현

히토 츠 즈 츠   츠츤 데   쿠 다 사 이
❶ 一つずつ 包んで ください。

하나씩 싸 주세요.

푸 레 젠 토 데 스 까 라   호-소-시 떼   쿠 다 사 이
❷ プレゼントですから 包装して ください。

선물이니까 포장해 주세요.

호 쇼- 쇼 와   아 리 마 스 까
❸ 保証書は ありますか。

보증서는 있습니까?

고 레 와   료-슈 쇼 데 스
❹ これは 領収書です。

이것은 영수증입니다.

시 하라 이 와   베츠베츠 니   오 네 가 이   시 마 스
❺ 支払いは 別々に おねがい します。

계산은 따로따로 해주세요.

연습

A : その 黒い 靴を みせて ください
　　ませんか。

B : はい、どうぞ。

A : もう すこし 小さいのは ありま
　　せんか。

B : これは いかがでしょうか。

A : これ、ちょうど いいですね。
　　じゃ、__________。

해석

*A : 그 검은 구두를 보여
주시지 않겠습니까?*

B : 네, 여기 있습니다.

*A : 좀더 작은 것은 없습
니까?*

B : 이것은 어떻습니까?

*A : 이게 딱 좋겠군요.
자, 이것으로 하겠습
니다.*

알아두기

▶ 물건이 마음에 들지 않는 경우 「取(と)り替(か)えて いただけますか /交換(こうかん)できますか(바꿔주실 수 있나요?)」, 「返品(へんぴん)したいんです(환불하고 싶은데요)」라고 합니다. 또 계산이 잘못되었을 때는 「おつりが たりません(잔돈이 모자라요)」, 「おつりが 違(ちが)います(거스름돈이 틀려요)」라고 합니다.

한자읽기 一(ひと)つ /包(つつ)む /包装(ほうそう) / 保証書(ほしょうしょ) / 領収書(りょうしゅうしょ) / 支払(しはら)う / 別々(べつべつ) / 黒(くろ)い / 靴(くつ) / 小(ちい)さい

秋葉原(아키하바라)

전자제품을 사려면 아키하바라에 가라고 많이들 말하지만, 막상 가보면 그리 좋은 물건들이 구비되어 있다는 느낌은 받을 수 없습니다. 동남아에서 만들어진 제품들도 많이 보이고 설사 일본제품이라고 해도 확인해 보면 다른 나라에서 만들어져 들어온 것이 대부분이기 때문입니다. 220볼트를 사용하는 우리나라와 달리, 일본은 110볼트를 사용하기에 아예 처음부터 내수용과 수출용이 따로 구분되어 생산되고 있다는 것도 구입을 망설이게 되는 이유 중의 하나입니다. 그냥 눈을 즐겁게 해주고 오는 것으로 만족하는 것이 낳을 듯 싶군요. 반갑게도 한국산 전자상품을 종종 발견할 수 있습니다.

만약 워크맨 정도를 사려 한다면 우리나라와 일본은 주파 내역이 다르므로 일본에서 쓸 수 있는 것인지 한국에서 쓸 수 있는 것인지 꼭 확인하고 구입하는 것이 좋습니다.

식사 · 음주

Basic Pattern 1

메뉴 좀 주세요.

A : いらっしゃいませ。
（이랏샤이마세）

B : メニューを おねがい します。
（메뉴- 오 오네가이 시마스）

A : 어서 오십시오.

B : 메뉴 좀 주세요.

▶「メニュー」라는 말 외에「献立(こんだて); 차림표」라는 일본말도 있기는 합니다만, 요즘 일본 젊은이들은 별로 이 말을 쓰지 않으며 Restaurant 같은 데에서「夕食(ゆうしょく)の献立(こんだて)」등으로는 씁니다.

❶ どの くらい 待ちますか。
（도노 쿠라이 마찌마스까）

어느 정도 기다려야 합니까?

❷ そこは 予約席です。 거기는 예약석입니다.
（소꼬와 요야꾸세끼데스）

❸ いま 満席で ございます。 지금 만석입니다.
（이마 만세끼데 고자이마스）

❹ 窓側の 席で おねがい します。
（마도가와 노 세키 데 오 네 가 이 시 마스）

창가 자리로 부탁합니다.

❺ この 食堂の お進め料理は なんですか。
（고 노 쇼꾸도- 노 오 스스메료- 리 와 난 데스 까）

이 식당의 추천 요리는 뭡니까?

연습

A : いらっしゃいませ。

B : 7時に 予約して あります。大山
です。

A : はい、こちらへ どうぞ。

B : ＿＿＿＿＿＿＿＿＿＿。

해석

A : 어서 오십시오.

B : 7시에 예약한 오오
야마입니다.

A : 네, 이쪽으로 오십시
오.

B : 메뉴 좀 주세요.

알아두기

▶ 일행이 있는 상태에서 식당에 들어갔을 때「자리 3명분 있습니까?」라는 말은「3人分(さんにんぶん)の 席(せき)は ありますか」,「3人(さんにん)の テーブルは ありますか」로 합니다.

▶ 한국의 커피 전문점 중에는 식사류를 팔고 있는 곳이 그다지 많지는 않지만 일본의 차마시는 곳은 거의 모든 곳에서 토스트나 카레라이스 같은 간단한 식사메뉴를 내놓고 있습니다.

한자읽기 待(ま)つ / 予約席(よやくせき) / 満席(まんせき) / 窓側(まどがわ) / 席(せき) / 食堂(しょくどう) / お進(すす)め料理(りょうり) / 7時(しちじ)

Basic Pattern

2

주문하시겠어요?

고 쮸- 몬　나 사 이 마 스 까
A : ご注文 なさいますか。

우 이 스　키-　노 미즈 와리 오 쿠 다 사 이
B : ウイスキーの 水割を ください。

A : 주문하시겠어요?

B : 위스키에 물과 얼음을 넣어 주세요.

➡ 주문을 받을 때에는 「何(なに)に なさいますか」를 써서 「飲(の)み物(もの)は 何(なに)に なさいますか/음료는 뭘로 하시겠어요?」, 「お酒(さけ)は 何(なに)に なさいますか/술은 뭘로 하시겠어요?」의 식으로 말합니다.

노 미 모노 와　나니 가　아 리 마 스 까
❶ 飲み物は 何が ありますか。

음료수는 어떤 것이 있습니까?

아카 와　잉　오 오네 가 이 시 마 스
❷ 赤ワインを おねがい します。

붉은 와인을 주세요.

비- 루　입 뽕　쿠 다 사 이
❸ ビール 一本、ください。

맥주 1병 주세요.

야 키 토리 또　오 뎅　쿠 다 사 이
❹ 焼き鳥と おでん、ください。

꼬치구이와 오뎅을 주세요.

연습

A : ＿＿＿＿＿＿＿＿＿＿＿。

B : ウイスキーの 水割(みずわり)を ください。

A : おつまみは 何(なに)に なさいますか。

B : ピーナッツに します。

해석

A : 주문하시겠습니까?

B : 위스키에 물과 얼음을 섞어 주세요.

A : 안주는 뭘로 드시겠습니까?

B : 땅콩으로 하겠습니다.

 **알아두기**

▶ 「すみません」은 원래 상대에게 폐를 끼쳤다거나 잘못에 대한 사죄의 기분을 나타낼 때 쓰이는 말이지만, ① 가게 · 음식점 같은 곳에서 종업원을 부를 때나, ② 모르는 사람에게 말을 걸 때에도 사용됩니다.

한자읽기 注文(ちゅうもん)/ 水割(みずわり)/ 飲(の)み物(もの)/ 赤(あか)/ 一本(いっぽん)/ 焼(や)き鳥(とり)

241

Basic Pattern

3
우동 주세요.

A : 何に なさいますか。
B : うどんを ください。

A : 무엇으로 하시겠습니까?
B : 우동 주세요.

➡ 빨리 식사를 해야 하는 상황이라면 종업원이 「何(なに)に なさいますか」하고 물어올 때 「早(はや)く できるものは 何(なん)ですか(빨리 되는 것은 무엇입니까?)」라고 되물으면 되겠지요?

관련표현

❶ 何名さまでしょうか。

몇 분이십니까?

❷ 料理が 来ないんですが。

요리가 아직 나오지 않았어요.

❸ すき焼きと しゃぶしゃぶが ございます。

스키야키와 샤부샤부가 있습니다.

❹ 麺類は ありますか。

면류 있습니까?

❺ 定食は ありますか。

정식 있습니까?

연습

A : お客様（きゃくさま）、こちらへ どうぞ。

B : メニューを おねがい します。

A : 何（なに）に なさいますか。

B : ＿＿＿＿＿＿＿＿＿＿。

A : はい、少々（しょうしょう） お待（ま）ちください。

해석

A : 손님, 이리로 오십시오.

B : 메뉴를 보여 주세요.

A : 무엇으로 하시겠습니까?

B : <u>우동 주세요.</u>

A : 네, 잠시만 기다려 주십시오.

 **알아두기**

▶ 맥도날드나 롯데리아 같은 셀프서비스 점에 가면 주문을 할 때 종업원이 「가져가실건가요, 여기서 드실건가요?」 하고 묻습니다. 그럴 때 「가져가겠습니다」라는 말은 일본어로 「持（も）ち帰（かえ）ります / テイクアウトです」라고 합니다.

한자읽기 何（なに）/ 何名（なんめい）/ 料理（りょうり）/ 来（こ）ない / すき焼（や）き / 麺類（めんるい）/ 定食（ていしょく）/ お客様（きゃくさま）/ 待（ま）つ / 少々（しょうしょう）

Basic Pattern 4

따뜻한 물도 한잔 가져다 주세요.

A : お湯も もう 一杯 お願いします。
（오유모 모- 입빠이 오네가이시마스）

B : はい、かしこまりました。
（하이 카시코마리마시타）

A : 따뜻한 물도 한잔 가져다 주세요.
B : 네, 알겠습니다.

➡ 일본인은 냉수와 따뜻한 물을 구분하여 말합니다. 냉수는 「お水（みず）/おひや」, 따뜻한 물은 「お湯（ゆ）」라고 합니다.

관련표현

❶ 箸を 落として しまいました。
（하시오 오토시테 시마이마시타）

  젓가락을 떨어뜨렸습니다.

❷ デザートは なにが ありますか。
（데자-토와 나니가 아리마스까）

  디저트는 무엇이 있습니까?

❸ 飲み物は 別料金ですか。
（노미모노와 베쯔료-킨데스까）

  음료수는 요금에 포함되어 있지 않습니까?

❹ 食べ方を 教えて ください。
（다베카타오 오시에떼 쿠다사이）

  먹는 법을 가르쳐 주세요.

❺ お味は どうですか。
（오아지와 도- 데스까）

  맛은 어때요?

연습

A : すみません、取(と)り皿(ざら)を いただけ
　　ますか。

B : はい、すぐ おもちします。

A : あの、＿＿＿＿＿＿＿＿＿＿。

B : はい、かしこまりました。

A : 저기요, 덜어먹는 접시를 주실 수 있습니까?

B : 네, 곧 가져다 드리겠습니다.

A : 저, 따뜻한 물도 한 잔 부탁합니다.

B : 네, 알겠습니다.

한자읽기 お湯(ゆ) / 一杯(いっぱい) / 願(ねが)う / 箸(はし) / 落(お)とす / 飲(の)
み物(もの) / 別料金(べつりょうきん) / 食(た)べ方(かた) / 教(おし)える
/ 味(あじ) / 取(と)り皿(ざら)

Basic Pattern

5

제가 한잔 따라 드리지요.

와 따 시 가　입 빠이　오 쯔 기 시 마　쇼-
A : わたしが 一杯 おつぎしましょう。
아 리 가 토-　고 자 이 마 스
B : ありがとう ございます。

A : 제가 한잔 따라 드리지요.
B : 감사합니다.

➡ 「따르다」인 「つぐ」에서 「おつぎしましょう(따라 드리지요)」가
된 것입니다. 「한잔 더 하세요」는 「もう いっぱい どうぞ」입니다.

캄 빠이
❶ 乾杯！
건배!

캄 빠이　시 마　쇼-　까
❷ 乾杯 しましょうか。
건배할까요?

함 분 다 케　쿠 다 사 이
❸ 半分だけ ください。
반만 주세요.

고 레　이 죠-　와　노 메 마 셍
❹ これ 以上は 飲めません。
이 이상은 못 마십니다.

욥　빠 라 이 마 시 타
❺ よっぱらいました。
취했습니다.

246

연습

A : ＿＿＿＿＿＿＿＿＿＿。

B : ありがとう ございます。

A : 青山<ruby>あおやま</ruby>さんも もう 一杯<ruby>いっぱい</ruby>、いかがで しょうか。

C : もう 結構<ruby>けっこう</ruby>です。

알아두기

▶ 술을 마시자고 할 때 잘 쓰는 표현으로는 「かるく いっぱい やり ましょう(가볍게 한잔 합시다)」가 있습니다.

▶ 「이 술은 뒤끝이 없습니다」는 「この 酒(さけ)は 悪酔(わるよ)い しません」, 「숙취가 있을 때도 있습니다」는 「二日酔(ふつかよ)い する ときも あります」입니다.

한자읽기 一杯(いっぱい) / 乾杯(かんぱい) / 半分(はんぶん) / 以上(いじょう) / 飲 (の)む / 青山(あおやま) / 結構(けっこう)

Basic Pattern

6

단골 술집은 있습니까?

A : 行きつけの 飲み屋は ありますか。
B : 特には ないんですけど。

A : 단골 술집은 있습니까?
B : 특별히는 없습니다만.

「行きつけ」만으로도 「단골집/단골가게」라는 뜻이 있습니다. 「特に」는 「특히/특별히」입니다.

관련표현

❶ 飲み代は だれが 払いますか。
술값은 누가 계산합니까?

❷ 割り勘に して います。
각자 부담으로 합니다.

❸ 雰囲気の いい 店です。
분위기가 좋은 가게입니다.

❹ お酒は すきな ほうですか。
술을 좋아하세요?

❺ 一回、どれぐらい のみますか。
한번에 어느 정도 드십니까?

연습

A : 大山さんは お酒が 強そうです
ね。

B : いいえ、見た目より 弱いんです。

A : ＿＿＿＿＿＿＿＿＿＿。

B : 特には ないんですけど。

알아두기

▶ 「술을 못합니다」라는 말은 「お酒(さけ)は だめです/ お酒(さけ)は 飲(の)めません/ わたしは 下戸(げこ)なんです」라고 하는데 여기서 「下戸(げこ)」라는 말은 남자들끼리 잘 쓰는 말입니다. 또 술값을 계산할 때 쓸 수 있는 「오늘은 제가 한턱 낼께요」라는 말은 일본어로 「今日(きょう)は わたしが おごりますよ」라고 합니다. 또는 간단하게 「今日は わたしが」라고만 해도 됩니다.

한자읽기 行(い)きつけ / 飲(の)み屋(や) / 特(とく) / 飲(の)み代(だい) / 払(はら)う / 割(わ)り勘(かん) / 雰囲気(ふんいき) / 店(みせ) / お酒(さけ) / 一回(いっかい) / 強(つよ)い / 見(み)た目(め) / 弱(よわ)い

Basic Pattern 7

매운 것을 좋아하세요?

카라 이 모 노 노 호- 가 스 끼 데 스 까
A : 辛いもののほうが すきですか。

에- 카라 이 모 노 노 호- 가 스 끼 데
B : ええ、辛いもののほうが すきで
스
す。

A : 매운 것을 좋아하세요?
B : 네, 매운 것을 좋아합니다.

➜ 「매운 요리는 잘 못먹습니다」는 「わたしは 辛(から)い 料理(りょうり)は 苦手(にがて)です」, 「매워서 못먹겠습니다」는 「辛くて 食(た)べられません」입니다.

관련표현

삽 빠 리 시 타 아지데 스 네
❶ さっぱりした 味ですね。 깔끔한 맛이군요.

스 꼬 시 우 스 이 데 스
❷ すこし うすいです。 조금 싱겁습니다.

스 고 꾸 담 빠꾸나 아지 데 스
❸ すごく 淡泊な 味です。

아주 맛이 담백합니다.

아부락 코 이 모 노 와 스 끼 데 와 아 리 마 셍
❹ 脂っこい ものは すきでは ありません。

기름진 것은 좋아하지 않습니다.

와 따 시 와 타 이 료-리 가 도 떼 모 스 끼 데 스
❺ わたしは タイ料理が とても すきです。

저는 태국요리를 아주 좋아합니다.

연습

A : にほんの お菓子は すきですか。

B : ええ、しかし わたしは すこし
甘すぎです。

A : 京子さんは ＿＿＿＿＿＿。

B : ええ、辛いもののほうが すきで
す。

알아두기

▶ 요즘 유선방송으로도 쉽게 일본 방송을 접할 수 있어 많은 사람들이 알고 있겠지만 일본인들의 음식 사랑은 대단한 것 같습니다. TV 여기저기서 요리프로가 끊이질 않으니까요. 그 많은 요리를 맛보면서 출연자가 하는 찬사는 「おいしいですね (맛있군요)」, 「さっぱりした 味(あじ)ですね (깔끔한 맛이네요)」, 「淡泊(たんぱく)ですね (담백하네요)」가 대부분입니다. 그리고 남자들의 경우 맛있다는 말로 「うまい」를 많이 사용합니다.

한자읽기 辛(から)い / 味(あじ) / 淡泊(たんぱく) / 脂(あぶら)っこい / タイ料理(りょうり) / お菓子(かし) / 甘(あま)い / 京子(きょうこ)

해석

A : 일본 과자는 좋아하세요?

B : 네, 하지만 전 좀 너무 달던데요.

A : 교오코씨는 <u>매운 것을 좋아하세요?</u>

B : 네, 매운 것을 좋아합니다.

Basic Pattern

8

계산해 주세요.

A : お勘定 おねがい します。
B : 料理は いかがでしたか。

A : 계산해 주세요.
B : 요리는 어떠셨어요?

→ 식당에서 식사를 마치고 계산할 때, 계산서에 서비스요금이 포함되었는지 확인하고자 하려면「サービス料金(りょうきん)が ふくまれて いますか(서비스료가 포함되어 있습니까?)」라고 물으면 됩니다.

관련표현

❶ どちらで はらったら いいですか。
어디서 계산하면 되나요?

❷ 今日は わたしが はらいます。
오늘을 제가 계산하겠습니다.

❸ 次は わたしが はらいます。
다음은 제가 계산하겠습니다.

❹ 勘定が 合って いません。 계산이 맞지 않습니다.

❺ 領収書を ください。 영수증을 주세요.

연습

A : ＿＿＿＿＿＿＿＿。

B : はい、料理（りょうり）は いかがでしたか。

A : とても おいしかったです。

B : 全部（ぜんぶ）で 3000円（さんぜんえん）に なります。どう

も ありがとう ございました。

A : 계산해 주세요.

B : 네, 요리는 어떠셨어요?

A : 아주 맛있었어요.

B : 전부 3000엔입니다. 감사합니다.

 알아두기

▶ 식당에서 식사가 끝난 후 남은 요리를 싸 가지고 가고 싶을 때는 「残（のこ）った 料理（りょうり）は 持（も）ち帰（かえ）れますか（남은 요리를 싸 가지고 가도 되나요?）」하고 묻고 「残った 料理を つつんで ください（남은 요리를 싸 주세요）」라고 하면 됩니다.

한자읽기 勘定（かんじょう）/料理（りょうり）/今日（きょう）/次（つぎ）/合（あ）う /領収書（りょうしゅうしょ）/全部（ぜんぶ）/3000円（さんぜんえん）

エチケット②(에티켓)

　일본사람들의 술 마시는 에티켓은 우리나라와 많이 다릅니다.

　우선 눈에 띄게 다른 점은 한 손으로 따라주고 한 손으로 따라받는다는 것입니다. 그리고 술잔에 술이 비어 있으면 주위 사람이 부어주거나 자신이 채워서 마시는 소위 첨잔을 즐깁니다. 따라서 일본인과 맥주 같은 것을 마실 때 거품이 빠져 맛이 없어진다며 이런 습관에 적응을 못하는 한국인들을 종종 볼 수 있습니다. 그러나 잔이 비기 전에 채워주는 습관은 오히려 일본에서는 '센스 있는 배려'로 여기고 있습니다. 또 술잔을 이 사람 저 사람 돌리지 않으며 술을 억지로 권하지도 않습니다. 그냥 마시던 술잔에 술을 따르려 할 때 가볍게 술잔을 손으로 덮으며 더는 못 마시겠다고 하면 됩니다. 술값 계산은 특별한 경우가 아닌 한 각자 부담으로 합니다.

여러가지 상황

Basic Pattern

1

방 있습니까?

A : お部屋、ありますか。
B : はい、あります。

A : 방 있습니까?
B : 있습니다.

➡ 방이 있나 확인을 하고 나서 쓰게 되는 말 중 하나가 「가장 싼 방은 하룻밤에 얼마에요?」일 겁니다. 이 말은 「いちばん やすい 部屋は 一泊(いっぱく) いくらですか」입니다.

❶ 予約は して いないんですが。
예약하지 않았습니다만.

❷ 一泊 いくらですか。
하루에 얼마입니까?

❸ シングルルームで おねがい します。
싱글 룸으로 부탁합니다.

❹ クーラーは ついて いますか。
에어컨은 딸려 있습니까?

❺ 風呂つきの シングルルームを おねがい します。
욕실이 딸려 있는 싱글룸을 부탁합니다.

연습

A : いらっしゃいませ。

B : ＿＿＿＿＿＿＿＿＿＿。

A : はい、あります。どんな 部屋(へや)に
　　なさいますか。

B : ツインルームで おねがいします。

해석

A : 어서 오십시오.

B : <u>방 있습니까?</u>

A : 네, 있습니다. 어떤 방으로 하시겠습니까?

B : 트윈 룸으로 부탁합니다.

알아두기

▶ 방을 잡을 때 쓰게 되는 말을 알아봅시다. 「아침식사 값은 포함되어 있습니까?」는 「朝食代(ちょうしょくだい)は 含(ふく)まれていますか」 또는 「朝食(ちょうしょく)つきですか」, 「세금은 포함되어 있습니까?」는 「税金(ぜいきん)こみですか」입니다.

한자읽기 部屋(へや) / 予約(よやく) / 一泊(いっぱく) / 風呂(ふろ)

Basic Pattern

2

예약하셨습니까?

첵 쿠 인 시 따 이 노 데 스 가
A : チェックイン したいのですが。

고 요 야꾸 나 사 이 마 시 타 까
B : ご予約 なさいましたか。

A : 체크인 하려고 합니다만.

B : 예약하셨습니까?

➤ 「チェックイン(check-in)」은 호텔에서 숙박수속을 하는 말도 되지만 비행기를 타기 전 탑승수속을 하는 말로도 쓰입니다. 「예약했습니다」는 「予約して います」입니다.

고 레 니 가 키 콘 데 쿠 다 사 이
❶ これに 書き込んで ください。

   여기 써넣어 주십시오.

쵸- 쇼꾸 와 난 지 까 라 도 꼬 데 다 베 마 스 까
❷ 朝食は 何時から どこで 食べますか。

   아침식사는 몇 시부터 어디에서 먹습니까?

첵 쿠 아 우 토 와 난 지 데 스 까
❸ チェックアウトは 何時ですか。

   체크 아웃은 몇 시입니까?

고 찌 라 와 루 - 무 키 - 데 오 헤 야 와 록빠꾸쥬-니고-시쯔 데
❹ こちらは ルームキーで、お部屋は ６１２号室で

스
   す。 여기 방열쇠하고, 방은 612호실입니다.

오 갹 사마 노 헤 야 와 록빠꾸쥬-니고-시쯔 데 고 자 이 마 스
❺ お客様の 部屋は ６１２号室で ございます。

   손님 방은 612호실입니다.

연습

A : チェックイン したいのですが。

B : ＿＿＿＿＿＿＿＿＿＿＿＿。

A : はい。

B : お名前（なまえ）は。

A : 渡辺（わたなべ）と もうします。これが 予約（よやく）
クーポンです。

해석

A : 체크인 하려고 합니다만.

B : 예약하셨습니까?

A : 네.

B : 성함이 어떻게 되십니까?

A : 와타나베라고 합니다. 이것이 예약 쿠폰입니다.

16 여러가지 상황

한자읽기 予約(よやく) / 書(か)き込(こ)む / 朝食(ちょうしょく) / 何時(なんじ) /
食(た)べる / 部屋(へや) / 612号室(ろっぴゃくじゅうにごうしつ) / お客
様(きゃくさま) / 渡辺(わたなべ)

Basic Pattern

3

룸 서비스입니다.

A：ルームサービスで ございます。
B：食事を 部屋まで 運んで いただけますか。

A : 룸 서비스입니다.
B : 식사를 방까지 가져다 주실 수 있습니까?

➡ 「ございます」는 「です」의 존경어이고 「いただける」는 「もらえる」의 존경어로 「받을 수 있다」는 뜻입니다.

❶ モーニングコールを おねがい します。

모닝콜을 부탁합니다.

❷ 灰皿を もって きて ください。

재떨이를 가져다 주세요.

❸ コンセントは どこに ありますか。

콘센트는 어디에 있습니까?

❹ トイレットペーパーが ありません。

화장실 휴지가 없습니다.

❺ お湯が でません。

온수가 나오지 않습니다.

연습

A : はい、ルームサービスで ござい
ます。

B : ５１２号室（ごひゃくじゅうにごうしつ）ですが、＿＿＿＿＿
＿＿＿＿＿。

A : はい、すぐ お運び（はこ） します。

B : それと こおりを もって きて い
ただけませんか。

A : はい、かしこまりました。

한자읽기 食事(しょくじ) / 部屋(へや) / 運(はこ)ぶ / 灰皿(はいざら) / お湯(ゆ) /
512号室(ごひゃくじゅうにごうしつ)

Basic Pattern 4

귀중품을 맡아주시겠습니까?

기쵸-힝오 아즈 캇 떼 이타다케마
A : 貴重品を あずかって いただけま
스 까
すか。
하 이 고꼬니 오나마에토 헤 야 방고-
B : はい、ここに お名前と 部屋番号
오 카 이떼 쿠 다 사 이
を 書いて ください。

A : 귀중품을 맡아주실 수 있습니까?
B : 네, 여기에 이름과 방 번호를 써 주십시오.

➜ 「이걸 금고에 맡아주세요」는 「これを 金庫(きんこ)に あずかって
ください」라고 합니다.

관련표현

아즈케따 키쵸-힝오 우 케 토 리 따 인 데 스
❶ あずけた 貴重品を 受け取りたいんです。
맡긴 귀중품을 찾으려 합니다.

아 즈 케 모노오 다 시 떼 이 따 다 케 마 스 까
❷ あずけ物を 出して いただけますか。
맡긴 물건을 내주시겠습니까?

유-가타 마 데 니 모쯔오 아 즈 깟 떼 쿠 다 사 이
❸ 夕方まで 荷物を あずかって ください。
저녁까지 짐을 맡아주십시오.

타 꾸 씨- 오 타 노 미 마 스
❹ タクシーを たのみます。
택시를 부탁합니다.

연습

A : ＿＿＿＿＿＿＿＿＿＿＿＿＿＿＿。

B : はい、ここに お名前（なまえ）と 部屋番号（へやばんごう）を 書（か）いて ください。

A : 別料金（べつりょうきん）ですか。

B : もちろん そうでは ありません。

알아두기

▶ 체크아웃 할 때는 「チェックアウト します(체크아웃 하겠습니다)」라고 말하고, 방열쇠를 돌려준 후 「これ ルームキーです(방 열쇠입니다)」, 계산하면 「クレジットカードで 支払(しはら)い できますか(크레디트 카드로 계산할 수 있습니까?)」라고 하면 됩니다. 하루 더 묵고 싶다면 「もう 一泊(いっぱく) したいんですが (하루 더 묵고 싶습니다만)」라고 말하면 됩니다.

한자읽기 貴重品(きちょうひん) / 名前(なまえ) / 部屋番号(へやばんごう) / 書(か) く / 受(う)け取(と)る / 出(だ)す / 夕方(ゆうがた) / 荷物(にもつ) / 別料金 (べつりょうきん)

16
여
러
가
지

상
황

Basic Pattern

5

배가 아파요.

A : どうしましたか。
B : おなかが いたいんです。

A : 어떻게 오셨습니까?
B : 배가 아픕니다.

➤ 「병원에 데려다 주세요」는 「病院(びょういん)に つれて いって ください」입니다. 병원에 갔는데 의사가 「どうしましたか」 하게 되면 「어디가 아파서 오셨습니까?」라는 뜻이 됩니다. 같은 말로 「どこが わるいのですか」도 있습니다.

❶ ここが いたいです。 여기가 아파요.

❷ お腹を こわしました。 배탈이 났습니다.

❸ 吐き気が あります。 구역질이 납니다.

❹ 食欲が ありません。 식욕이 없습니다.

❺ 寒気が します。 한기가 듭니다.

❻ めまいが します。 현기증이 납니다.

연습

A : どうしました か。

B : 熱（ねつ）が すこし あって、＿＿＿＿＿＿

＿＿＿＿＿。

A : いつからですか。

B : 夜中（よなか）からです。

A : 食（しょく）あたりですね。薬（くすり）を 飲（の）んで く

ださい。

알아두기

風邪（かぜ）を ひく 감기에 걸리다	熱（ねつ）が ある 열이 있다
咳（せき）が 出（で）る 기침이 나다	けがを する 상처를 입다
ひどく いたい 많이 아프다	おなかが いたい 배가 아프다
薬（くすり）を のむ 약을 먹다	注射（ちゅうしゃ）を する 주사를 놓다

한자읽기 お腹（なか）/ 吐（は）き気（け）/ 食欲（しょくよく）/ 寒気（さむけ）/ 熱（ね
つ）/ 夜中（よなか）/ 食（しょく）あたり / 薬（くすり）/ 飲（の）む

Basic Pattern

6

두통약 있습니까?

A : 頭痛薬、ありますか。

B : はい、ちょっと 待って ください。

A : 두통약 있습니까?

B : 네, 잠시만 기다려 주십시오.

➤ 「~약」할 때의 「~薬」는 「~ぐすり」와 「~やく」의 두 가지로 읽힙니다. 「이 약은 어떻게 먹는 거에요?」라고 하는 말은 「この 薬(くすり)は どうやって のんだら いいですか」입니다.

관련표현

❶ 下痢止めを ください。

설사약을 주세요.

❷ 風邪薬を ください。

감기약을 주세요.

❸ 食後に 飲めば いいですか。

식후에 먹으면 됩니까?

❹ 何錠 飲めば いいですか。

몇 알 먹으면 됩니까?

연습

A : すみません、＿＿＿＿＿＿＿＿＿。

B : はい、ちょっと 待って ください。

A : 何回 飲めば いいですか。

B : 一日 一回、飲めば いいです。

해석

A : 저, <u>두통약 있습니까?</u>

B : 네, 잠시 기다려 주십시오.

A : 몇 번 먹으면 됩니까?

B : 하루에 한번 먹으면 됩니다.

알아두기

飲(の)み薬(ぐすり) 물약	塗(ぬ)り薬(ぐすり) 바르는 약
便秘薬(べんぴやく) 변비약	痛(いた)み止(ど)め 진통제
よい止(ど)め 멀미약	胃腸薬(いちょうやく) 소화제
睡眠薬(すいみんやく) 수면제	アスピリン 아스피린

한자읽기 頭痛薬(ずつうやく) / 待(ま)つ / 下痢止(げりど)め / 風薬(かぜぐすり) / 食後(しょくご) / 飲(の)む / 何錠(なんじょう) / 待(ま)つ / 何回(なんかい) / 一日(いちにち) / 一回飲(いっかいの)む

16
여러가지 상황

Basic Pattern 7

책은 몇 권까지 빌릴 수 있습니까?

A : 本は 何冊まで 借りられますか。

B : 4冊まで 借りられます。

A : 책은 몇 권까지 빌릴 수 있습니까?

B : 4권까지 빌릴 수 있습니다.

➡ 「借(か)りる」는 「빌다/빌리다」라는 뜻도 있지만 「~의 도움을 빌다」라는 뜻도 가지고 있습니다. 반대말인 「빌려주다」는 「貸(か)す」입니다.

관련표현

❶ 席は 自由です。

자리는 자유입니다.

❷ 利用時間は 午前9時から 午後5時までです。

이용 시간은 오전 9시부터 오후 5시까지입니다.

❸ 食券は どこで 買うのですか。

식권은 어디서 삽니까?

❹ 一週間 借りられます。

일주일간 빌릴 수 있습니다.

연습

A : 本を 借りたいんですが。

B : はい、ここに 書き込んで ください。

A : _______________________。

B : 4冊まで 借りられます。

한자읽기 本(ほん) / 何冊(なんさつ) / 借(か)りる / 4冊(よんさつ) / 席(せき) / 自由(じゆう) / 利用時間(りようじかん) / 午前9時(ごぜんくじ) / 午後5時(ごごじ) / 食券(しょっけん) / 買(か)う / 一週間(いっしゅうかん) / 書(か)き込(こ)む

Basic Pattern

8

계좌 갖고 계세요?

A : 口座を もって いますか。

B : はい、これが わたしの 口座番号
です。

A : 계좌 갖고 계세요?

B : 네, 이게 제 계좌번호입니다.

→ 「もつ」는 단순히 「갖고(손에 쥐고) 있다」는 뜻도 있지만 「소유하고 있다」는 뜻도 가지고 있습니다.

관련표현

❶ 申込用紙を いただけますか。

신청용지를 주시겠습니까?

❷ ここは なにを かけば いいですか。

여기 뭘 쓰면 됩니까?

❸ お金を 少し おろしたいんです。

돈을 좀 찾고 싶습니다.

❹ 小銭に かえて ください。

잔돈으로 바꿔주시겠습니까?

❺ 残高を おしえて くださいませんか。

잔액을 알려주시지 않겠습니까?

16

여러가지 상황

270

연습

A : 送金(そうきん)したいんですけど、どうすれば いいですか。

B : ＿＿＿＿＿＿＿＿＿＿＿。

A : はい、これが わたしの 口座番号(こうざばんごう)です。

B : はい、ちょっと 待(ま)って ください。

해석

A : 송금하려 하는데 어떻게 하면 됩니까?

B : 계좌를 갖고 계십니까?

A : 네, 이것이 제 계좌 번호입니다.

B : 네, 잠시 기다려 주십시오.

알아두기

▶ 일본으로 여행을 가서 은행에서 환전을 하려고 하는 경우「現在(げんざい)の レートは いくらですか(현재 환율은 얼마입니까?)」라고 물은 후「両替(りょうがえ)して ください(환전해 주세요)」라고 하면 됩니다.

한자읽기 口座(こうざ) / 口座番号(こうざばんごう) / 申込用紙(もうしこみようし) / お金(かね) / 小銭(こぜに) / 残高(ざんだか) / 送金(そうきん) / 待(ま)つ

Basic Pattern

9
항공편입니까?

A : この にもつを 韓国まで 送りたいんですが。
B : 航空便ですか。

A : 이 짐을 한국으로 부치려고 하는데요.
B : 항공편입니까?

➜ 「〜便(びん)」은 교통수단을 말하는 것으로 국제우편은 크게 「航空便(こうくうびん; 항공편)」과 「船便(ふなびん; 배편)」의 두 가지로 나뉩니다.

관련표현

❶ 航空便で お願い します。 항공편으로 부탁합니다.

❷ この 小包、お願い します。 이 소포 부탁합니다.

❸ 韓国までの 航空便は いくらですか。
한국까지 항공편은 얼마입니까?

❹ ここに 住所と 名前を 書き込んで ください。
여기 주소와 이름을 써넣어 주십시오.

❺ これを 速達で お願い します。
이것을 속달로 부탁합니다.

연습

A : この にもつを 韓国(かんこく)まで 送(おく)りた
いんですが。

B : ＿＿＿＿＿＿＿＿。

A : はい、何日(なんにち)ぐらい かかりますか。

B : 4日(にち)ぐらい かかります。

해석

A : 이 짐을 한국으로 부
치려고 하는데요.

B : <u>항공편입니까?</u>

A : 네. 몇 일 정도 걸립
니까?

B : 4일 정도 걸립니다.

알아두기

▶ 우체국에 가서 소포를 부치려고 하는데 직원이 「中(なか)[中身
(なかみ)]は 何ですか」라고 합니다. 안의 내용물이 뭐냐는 뜻이지
요. 이 말은 파이나 빵같이 내용물이 안 보이는 음식을 먹을 때
「안에 들은 것이 뭐에요?」라고 묻는 표현도 됩니다.

한자읽기 韓国(かんこく) / 送(おく)る / 航空便(こうくうびん) / 願(ねが)う / 小包
(こづつみ) / 住所(じゅうしょ) / 名前(なまえ) / 書(か)き込(こ)む / 速達
(そくたつ) / 送(おく)る / 何日(なんにち) / 4日(よっか)

16
여러가지 상황

10

어떻게 해드릴까요?

도- 　 나 사 이 마 스 까
A : どう なさいますか。

캇 토 다 께 오 네 가 이 시 마 스
B : カットだけ おねがい します。

A : 어떻게 해드릴까요?

B : 컷트만 해주세요.

➡ 머리를 자르는 경우 「2センチ カット して ください (2센티 잘라 주세요)」와 같이도 말할 수 있습니다. 참고로 미용실은 「美容院 (びよういん)」, 이발소는 「とこや」라고 합니다.

스 구 　 캇 토 데 끼 마 스 까
❶ すぐ カット できますか。

금방 컷트 됩니까?

샴 푸- 　 캇 토 오 오 네 가 이 　 시 마 스
❷ シャンプー、カットを おねがい します。

샴푸하고 컷트해 주세요.

카 미 오 　 소 메 떼 쿠 다 사 이
❸ 髪を そめて ください。

머리를 염색해 주세요.

카 루 꾸 　 파- 마 오 　 카 케 떼 쿠 다 사 이
❹ 軽く、パーマを かけて ください。

약하게 파마해 주세요.

고 노 카 미 가 타 니 　 시 떼 쿠 다 사 이
❺ この 髪型に して ください。

이 머리 모양으로 해주세요.

연습

A : いらっしゃいませ、こちらへ どうぞ。どう なさいますか。

B : ＿＿＿＿＿＿＿＿＿＿。

A : どんな スタイルに なさいますか。

B : うん、こんな スタイルに して ください。

해석

A : 어서 오십시오, 이리로 오세요. 어떻게 해드릴까요?

B : 컷트만 해주세요.

A : 어떤 스타일로 해드릴까요?

B : 음, 이런 스타일로 해주세요.

알아두기

▶ 「ブロー : 드라이」, 「セット : 세트」와 같은 말도 쓰입니다.

한자읽기 髪(かみ) / 軽(かる)い / 髪型(かみがた)

Basic Pattern *11*

차를 일주일간 빌렸으면 합니다만.

쿠루마오　잇슈-캉　카리따이노데스가
A : 車を 一週間 借りたいのですが。

돈　나　쿠루마가　요로　시-　데　쇼-　　까
B : どんな 車が よろしいでしょうか。

A : 차를 일주일간 빌렸으면 합니다만.

B : 어떤 차가 좋겠습니까?

➤ 「よろしい」는 「いい・よい」의 정중한 말입니다. 차를 빌릴 때 「大
型車(おおがたしゃ)[小型車(こがたしゃ)]を 借りたいのですが(대
형차[소형차]를 빌리고 싶습니다만)」등의 말을 할 수 있습니다.

관련표현

고 노 쿠루마와　이치니치　이 쿠 라 데 스 까
❶ この 車は 一日 いくらですか。

　이 차는 하루에 얼마입니까?

난 지 니　카에세바　이- 데 스 까
❷ 何時に 返せば いいですか。

　몇 시에 돌려드리면 됩니까?

고꾸사이 운 뗑 멩 쿄 쇼-와　아 리 마 스 까
❸ 国際運転免許証は ありますか。

　국제운전면허증은 있습니까?

카 타 로 구 오　미세떼　쿠 레 마 스 까
❹ カタログを みせて くれますか。

　카탈로그를 보여주시겠습니까?

호 켕 코미데 스 까
❺ 保険込ですか。

　보험은 들어 있나요?

16

연습

A : ＿＿＿＿＿＿＿＿＿＿＿＿＿＿。

B : どんな 車（くるま）が よろしいでしょうか。

A : オートマチック車（しゃ）が 借（か）りられますか。

B : はい、運転免許証（うんてんめんきょしょう）を 見（み）せて ください。

해석

알아두기

▶ 일본에서 차를 렌트해 여행을 다니려면 우선 국제운전면허증이 있어야 합니다. 일본 차의 운전석은 우리나라와 반대쪽이고 운전 규칙이나 도로 교통망도 우리나라와 다른 점이 많습니다. 따라서 미리 교통정보를 익혀 두지 않으면 많은 어려움이 따를 수 있습니다.

한자읽기 車（くるま）/ 一週間（いっしゅうかん）/ 借（か）りる / 一日（いちにち）/ 何時（なんじ）/ 返（かえ）す / 国際運転免許証（こくさいうんてんめんきょしょう）/ 保険込（ほけんこみ）/ オートマチック車（しゃ）/ 見（み）せる

Basic Pattern

12

타이어를 갈아 주세요.

A : タイヤを 取りかえて ください。
B : 前ですか、後ろですか。

A : 타이어를 갈아 주세요.
B : 앞입니까 뒤입니까?

➜ 「かえる」는 「어떤 것과 어떤 것을 바꾸다[교환하다]」라는 뜻이며 「前ですか、後ろですか」는 「前の タイヤですか、後の タイヤですか (앞타이어입니까 뒤타이어입니까?)」가 생략된 말입니다. 일본말은 이렇게 생략·축약되어져서 많이 쓰입니다.

❶ オイルを 交換して ください。
오일을 갈아 주세요.

❷ ブレーキの 調子が おかしいようです。
브레이크 상태가 이상합니다.

❸ タイヤに 空気を 入れて ください。
타이어에 공기를 넣어 주세요.

❹ 洗車を おねがい します。
세차를 해주세요.

연습

A : ＿＿＿＿＿＿＿＿＿＿＿＿。

B : 前(まえ)ですか、後(うし)ろですか。

A : 後(うし)ろです。

B : はい、かしこまりました。少々(しょうしょう) お まち ください。

A : <u>타이어를 갈아 주세요.</u>

B : 앞입니까, 뒤입니까?

A : 뒤입니다.

B : 네, 알겠습니다. 잠시만 기다려 주십시오.

알아두기

▶ 주유소에서 차에 기름을 넣을 때「가득 채워 주세요」는「満(まん)タンに して ください(꼭 채워 주세요)」라고 합니다. 이와는 다르게「10リットル 入(い)れて ください(10리터 넣어 주세요)」또는「1万円(いちまんえん) 入(い)れて ください (만 엔어치 넣어 주세요)」라고 말할 수도 있습니다.

한자읽기 取(と)りかえる / 前(まえ) / 後(うし)ろ / 交換(こうかん) / 調子(ちょうし) / 空気(くうき) / 入(い)れる / 洗車(せんしゃ) / 少々(しょうしょう)

Basic Pattern

13

고장났습니다.

코 쇼- 시 떼 이 마 스 가
A : 故障して いますが。

안 테 나 노 구 아 이 가 와루 이 데 스 네
B : アンテナの 具合が 悪いですね。

A : 고장났습니다만.

B : 안테나 상태가 안 좋군요.

➡ 「いますが」의 「が」는 「~다만」의 의미로 사용되어 문장에 여운을 줍니다. 「ね」는 여기서 문장의 끝에 붙어 자신의 생각을 나타내는 동시에 상대방에게 동의를 구하는 뜻을 갖고 있습니다. 우리말 뜻은 「~군요/~로군요」가 됩니다.

관련표현

고 노 도 라 이 야- 오 슈- 리 시 떼 쿠 다 사 이
❶ この ドライヤーを 修理して ください。

　이 드라이기를 수리해 주십시오.

라 지 카 세 가 코 쇼- 시 마 시 타
❷ ラジカセが 故障しました。

　라디오카세트가 고장났습니다.

이 츠 데 키 아 가 리 마 스 까
❸ いつ、でき上がりますか。

　언제 다 됩니까?

덴 찌 오 코- 칸 시 떼 쿠 다 사 이
❹ 電池を 交換して ください。

　전지를 갈아 주십시오.

메 가 네 오 코 와 시 마 시 타
❺ 眼鏡を こわしました。 안경을 망가뜨렸습니다.

연습

A : どうしましたか。

B : ＿＿＿＿＿＿＿。修理して ほしい
のです。

A : アンテナの 具合が 悪いですね。

B : すぐ 直りますか。

A : すぐに 直ります。

해석

A : 어떻게 오셨습니까?

B : 고장났습니다. 수리
했으면 합니다.

A : 안테나 상태가 안 좋
군요.

B : 금방 고쳐집니까?

A : 금방 고쳐집니다.

16
여러가지 상황

한자읽기 故障(こしょう) / 具合(ぐあい) / 悪(わる)い / 修理(しゅうり) / でき上
(あ)がる / 電池(でんち) / 交換(こうかん) / 眼鏡(めがね) / 直(なお)る

Basic Pattern

14

구급차를 부르겠습니다.

A : ここが いたいんです。
B : 救急車を よびます。

A : 여기가 아픕니다.
B : 구급차를 부르겠습니다.

➤ 사고가 난 상황에서 「교통사고 당했습니다」는 「交通事故(こうつうじこ)に あいました」, 「상처는 없으세요?」는 「けがは ありませんか」입니다.

❶ 応急手当を して ください。

응급처치를 해주세요.

❷ 消火器の 使い方を 教えて ください。

소화기 쓰는 법을 가르쳐 주세요.

❸ 非常ベルを ならして ください。

비상벨을 울려 주세요.

❹ 警察を よんで ください。

경찰을 불러 주세요.

❺ 助けを よんで ください。

도움을 청해 주세요.

연습

A : あっ、すみません。大丈夫です
か。

B : ここが いたいんです。

A : ＿＿＿＿＿＿＿＿＿。

B : 保険会社にも 連絡 ください。

A : はい、すぐ 連絡します。

한자읽기 救急車(きゅうきゅうしゃ) / 応急手当(おうきゅうてあて) / 消火器(しょうかき) / 使(つか)い方(かた) / 教(おし)える / 非常(ひじょう) / 警察(けいさつ) / 助(たす)け / 大丈夫(だいじょうぶ) / 保険会社(ほけんがいしゃ) / 連絡(れんらく)

Basic Pattern

15

백을 잃어버렸어요.

A : バッグを 忘れて しまいました。
박 구 오 와스 레떼 시 마이 마시 타

B : 中に 何が 入って いましたか。
나까 니 나니 가 하잇 떼 이 마시 타 까

A : 백을 잃어버렸어요.

B : 안에 무엇이 들어 있었습니까?

➡ 「잃어버렸습니다」는 「忘(わす)れて しまいました」 말고도 「なく しました」가 있습니다.

❶ さいふを なくしました。
사 이 후 오 나 꾸 시 마 시 타

　지갑을 잃어버렸어요.

❷ かばんの 中を よく さがしましたか。
가 반 노 나카오 요 꾸 사 가 시 마 시 타 까

　가방 안을 잘 찾아보셨나요?

❸ どこで なくしたか、わかりません。
도 꼬 데 나 꾸 시 따 까 와 까 리 마 셍

　어디서 잃어버렸는지 모르겠습니다.

❹ 中には 現金が 入って いました。
나까 니 와 겡 낑 가 하잇 떼 이 마 시 타

　안에는 현금이 들어 있었습니다.

❺ 見つかったら ここに 連絡を おねがい します。
미 츠 깟 따 라 고 꼬 니 렌 라꾸 오 오 네 가 이 시 마 스

　발견하시면 이리로 연락 주세요.

연습

A : どうしたんですか。

B : ＿＿＿＿＿＿＿＿＿。

A : 中<ruby>なか</ruby>に 何<ruby>なに</ruby>が 入<ruby>はい</ruby>って いましたか。

B : 中<ruby>なか</ruby>には 現金<ruby>げんきん</ruby>と 身分証明書<ruby>みぶんしょうめいしょ</ruby>が 入<ruby>はい</ruby>って いました。

해석

A : 무슨 일이에요?

B : 백을 잃어버렸어요.

A : 안에 무엇이 들어 있었습니까?

B : 안에는 현금과 신분증이 들어 있었습니다.

 ## 알아두기

▶ 「失(な)くす」는 「분실하다/없애다」라는 뜻으로 「なくして しまいました」하게 되면 「잃어버렸어요!」라는 뜻이 됩니다.

한자읽기 忘(わす)れる / 中(なか) / 何(なに) / 入(はい)る / 現金(げんきん) / 見(み)つかる / 連絡(れんらく) / 身分証明書(みぶんしょうめいしょ)

285

16
여
러
가
지
상
황

Basic Pattern

16

소매치기당한 것 같아요!

A : どうしたんですか、佐藤さん。
B : すりに 遭ったようです。

A : 왜 그러세요, 사토오씨?
B : 소매치기당한 것 같아요.

「どうしたんですか」는 상대방의 상황에 관심이나 우려를 나타내어 「왜 그러세요?/무슨 일이에요?」라고 하는 말입니다. 같이 쓸 수 있는 말로는 「どうか なさいましたか(무슨 일 있습니까?)」가 있습니다.

관련표현

❶ さいふを すられました。
지갑을 소매치기당했습니다.

❷ どろぼう！つかまえて！
도둑 잡아랏!

❸ バッグを とられました。
백을 도난당했습니다.

❹ 警察に 届けて ください。
경찰에 신고하세요.

연습

A : どうしたんですか、佐藤さん。

B : さいふが ないんです。＿＿＿＿＿＿

＿＿＿＿＿＿。

A : えっ、今日 どこへ 出かけました
か。

B : 朝、デパートへ 行きました。

해석

A : 왜 그러세요, 사토오 씨?

B : 지갑이 없어졌어요. 소매치기당한 것 같아요.

A : 네? 오늘 어디에 나가셨어요?

B : 아침에 백화점에 갔어요.

알아두기

▶ 일본은 범죄발생률이 낮은 편이지만 가능하면 동행자와 함께 다니는 것이 안전합니다. 큰 교차로 가까이 편리한 장소에 파출소가 있고, 순찰 경찰차가 수시로 시내를 순회하고 있습니다.

한자읽기 佐藤(さとう) / 遭(あ)う / 警察(けいさつ) / 届(とど)ける / 今日(きょう) / 出(で)かける / 朝(あさ) / 行(い)く

외래어

ＯＬ（オーエル）	직장여성	クーラー	에어컨
コーヒー	커피	コーラ	콜라
コピー	카피, 복사	コンビに	편의점
サラリーマン	셀러리맨	ジーパン	청바지
スタジオ	스튜디오	スト	파업, 스트라이크
タレント	탤런트	チーム	팀, 조
バイト	아르바이트	パソコン	퍼스널컴퓨터
ビジネス	비지니스	ビタミン	비타민
ビル	빌딩	ビール	맥주
ファッション	패션	プレゼント	선물
ペット	애완동물	マナー	매너
マクドナルド	맥도날드	レシート	영수증

＊ 일본어에는 외래어가 많습니다. 게다가 발음을 일본식으로 말해 해당되는 외국어가 전혀 연상이 안되는 경우도 있기 때문에 가타카나 외래어를 많이 접해 알아두는 것이 좋습니다.